Hans Kreis
Die Espresso-Strategie
oder wie ich lernte, das Leben wieder zu lieben
Vom großen Geheimnis der kleinen Pause

© J. Kamphausen Verlag & Distribution GmbH, Bielefeld 2010
info@j-kamphausen.de

Lektorat: Stephanie Ehrenschwendner
Cover: ad department | Kerstin Fiebig
Abbildung Titel: fotolia.de | Sabri Deniz Kizil
Satz: ad department | Kerstin Fiebig
Abbildung S. 161: fotolia.de | Christa Eder
Druck & Verarbeitung: fgb, freiburger graphische betriebe

www.weltinnenraum.de

1. Auflage 2010

Bibliografische Information der Deutschen Nationalbibliothek
Die Deutsche Nationalbibliothek verzeichnet diese Publikation
in der Deutschen Nationalbibliografie; detaillierte bibliografische Daten
sind im Internet über http://dnb.d-nb.de abrufbar.

ISBN 978-3-89901-333-7

Hans Kreis

Die Espresso-Strategie

oder wie ich lernte, das Leben wieder zu lieben

Vom großen Geheimnis der kleinen Pause

Hinweis

Die Übungen in diesem Buch verstehen sich als Anregung und Hilfe zur Selbsthilfe. Der Autor ist ein erfahrener Coach, der nicht die professionelle Hilfe eines Arztes oder Therapeuten ersetzen will, wie sie bei schwerwiegenden Problemen nötig sein könnte. Ähnlichkeiten mit lebenden Personen sind weder gewünscht noch beabsichtigt.

Inhalt

Vorwort

Die Zwangspause

Das Pausentagebuch

Montag, 1. Mai

Dienstag, 2. Mai

Mittwoch, 3. Mai

Heimkehr oder was bleibt vom Baristaland

Vorwort

Die Parabel von einem, der auszog, einen vergessenen Schatz wiederzufinden, drückt die Sehnsucht unserer leistungsorientierten Gesellschaft aus.

Ein Sabbatjahr zu nehmen oder den Jakobsweg zu gehen, können sich nur wenige leisten. Aber diese großen Pausen sind auch nicht der einzige Weg, um wieder Kraft und innere Ruhe zu finden. Der Schatz, den seit alters her Menschen in ihren Auszeiten zu finden hoffen, versteckt sich nicht nur in großen Pausen, sondern vor allem in den kleinen Pausen zwischendurch.

Kleine Espressopausen, klug in den Alltag integriert, können leicht zum Jakobsweg der gestressten oder suchenden Menschenseele werden.

Wie Sie durch solche kleine Espressopausen mehr Sinn, Lebensfreude und Gesundheit finden, zeigt Ihnen dieses Buch.

Ihr Hans Kreis

Die Zwangspause

Auf dem Weg ins verlorene Pausenparadies

Wenn Sie sich gestresst fühlen, sind Sie nicht mehr Herr im eigenen Haus. | Die Lösung ist einfach, wie alles Geniale. | Es geht um den rechten Umgang mit Pausen. | In dem Maß, in dem Sie dieses Buch zu nutzen wissen, werden Sie die Heilkraft der Pausen spüren.

Mach mal Pause

„Schon kleine Pausen verlängern Ihr Leben. Richtig dosiert, schenken Ihnen Pausen ein Leben voller Gesundheit, Liebe und Glück."

Wie einfach sich das aus dem Autoradio anhörte, noch dazu, weil die Stimme im Radio meine eigene war. Es lag schon ein paar Tage zurück, seit ich dem Sender dieses Interview gegeben hatte, und immer noch war ich unterwegs oder beantwortete auf Vorträgen, in Workshops und auf Seminaren Fragen, die ich mir selbst auch öfter stellen sollte: Wie komme ich aus meinem pausenlosen Hamsterrad? Was kann ich tun, wenn ich so nicht mehr länger weitermachen kann? Wie entkomme ich meinen eigenen Pausenfallen, also den Pausen, die nur eine andere Art von Arbeit sind?

Und auf einmal ging alles ganz einfach: Am Autobahnkreuz begann das Wunder. Meine Seele setzte sich ans Steuer und fuhr leicht und beschwingt, wie selbstverständlich, Richtung Süden. Zuerst ärgerte ich mich, dass ich mich verfahren hatte, wollte so schnell wie möglich umkehren, aber irgendetwas in mir fuhr einfach weiter. Ich machte das Spiel mit und staunte über meine Fantasie, als es darum ging, mich für ein paar Tage von Terminen freizuschaufeln. Nur zwei, drei Anrufe: meine Frau, die Kinder, mein Büro, und ich war frei.

Bald darauf fuhr ich auf der Autobahn Richtung Sonne. Noch vor Kurzem dachte ich nicht im Traum an eine kleine Auszeit, und nun hatte ich plötzlich Zeit. Ich fuhr langsam, genoss die Fahrt und bog für einen kurzen Espresso zur Autobahnraststätte ab. Für den Mann hinter der Theke war ich der einzige Gast. Wir redeten Belangloses, bis ich ihm von meinem spontanen Reiseentschluss erzählte. Da deutete er auf das Bild hinter der Espressomaschine und sagte: „Meine Sehnsucht will auch in den Süden. Genau dort hin. Das hier auf dem Bild ist meine Heimat, Signore!"

Ich schaute genauer. „Ihre Heimat?"

Der Mann nickte und fuhr fort: „Si, Signore, manche nennen sie auch das Baristaland!" Ich stockte. „Baristaland?", fragte ich nach ein paar Sekunden nach.

„In meiner Heimat, Signore, nennen sie den Besitzer einer Bar immer ‚Barista', und meine Heimat nennen manche deshalb auch das Baristaland. Sagen Sie bitte Barista zu mir, dann fühle ich mich für einen Moment wie zu Hause. Dort drüben, wo jetzt das Plakat mit dem schlauen Spruch „Zeit ist Geld" hängt, stelle ich mir in meiner Fantasie einen kleinen Hafen und dahinter leuchtend blau das weite Meer vor."

Singend verschwand der kleine stämmige Mann, um nach wenigen Augenblicken, bestens gelaunt, mit einer Packung Espresso wiederzukommen: „Nostrano, der Unsrige, Signore!" Bald braute er nur für mich seinen Espresso Nostrano und zelebrierte stolz das duftende Geheimnis.

„Wer eine solche wunderbare Crema zaubern kann, weiß ganz bestimmt um das größte Geheimnis des Espresso: das Geheimnis der kleinen Pause!", lobte ich ihn. „Si, si, Signore, in meiner Heimat ist das ganze Leben eine Pause, und dazwischen arbeiten wir, damit wir uns viele wunderbare Pausen leisten können. Aber in Ihrer Heimat und erst recht hier an dieser Autobahn, da ist das anders." Traurig schaute er mir dabei in die Augen.

Der Mann hinter der Theke einer ganz normalen Autobahnraststätte wurde in dieser Sekunde für mich zu einem Zaubervogel, der mich vom Alltag befreite und meiner Seele wieder das Fliegen beibrachte. Ich flog in den weiten Himmel meiner Erinnerung, gen Süden, immer weiter die Jahre zurück, in eine Zeit, in der auch ich einen „Barista" kannte und einen kleinen Hafen am großen blauen Meer. Ich wunderte mich, wie weit sich das Land meiner Träume im Laufe der Jahre entfernt hatte. Dabei wollte ich ihn doch nie vergessen, meinen alten Freund, den Barista, mit seiner kleinen Espressobar „la pausa", und erst recht nicht Angelina.

Um seine Träume zu erfüllen, ist es nie zu spät

Nach dieser Begegnung auf der Autobahn wusste ich, wohin es mich zog, und meine Sehnsucht war endgültig größer als meine Angst, Kunden, meinen Namen, mein Image und mein Geld zu verlieren. Mein Baristaland wartete auf mich, das Land meiner verlorenen Träume.

Als ich wieder am Steuer saß, staute sich auf der Gegenfahrbahn der Rückreiseverkehr durch die vielen Wochenendurlauber. Gelebter Pausenstress: Zwang zur Entschleunigung durch Staus? Das galt nicht für mich, denn Richtung Strada del Sole, der Straße zur Sonne, war alles frei. Mit jedem Kilometer wuchs in mir die leise Ahnung, dass mir dieser Entschluss zu einer spontanen kleinen Pause noch viel Freude bereiten würde. Vielleicht wartete ein Geschenk auf mich, das es nicht zu kaufen gibt und das deshalb so wertvoll ist? Ich dachte an meine Kindheit, an den Regenbogen, an die Sternschnuppen, an ein Lächeln. Und an dieses wunderbare Fleckchen Erde, wo ich mir vor vielen Jahren die erste kleine Auszeit vor dem großen Berufseinstieg gönnte.

Jetzt war ich kurz davor, dieses Traumland endlich wiederzusehen. Was war übrig geblieben von diesem Paradies, in dem sich vor langer Zeit meine Träume einfach so erfüllten? Meine Träume von Freiheit, von Abenteuer, von Selbstverwirklichung und von der ersten großen Liebe. Ja, auch meine erste große Liebe fand ich damals auf dieser Reise ins unbekannte Pausenland. Und den Barista, den weisen Mann, der in diesem Zauberland zu Hause war. Alles wirklich Wesentliche, was ich seitdem über die Kunst der kleinen Pausen weiß, erfuhr ich von diesem alten Barista.

Ich dachte an mein Pausentagebuch, das ich in jener Zeit in meinem Baristaland geschrieben hatte. In dieses Buch, das auf dem ersten Blick wie ein Poesiealbum aussah, schrieb ich alle Geheimnisse des alten Barista und noch viel mehr.

Wo war dieses Buch, mit den kostbaren Weisheiten, den vielen Pausentipps und den wertvollen Geheimnissen des Barista hingekommen, fragte ich mich. Verschwand es bei einem der vielen Umzüge? Habe ich es in irgendeinem Großstadthotel vergessen? Je mehr ich nach einer Antwort suchte, umso wertvoller wurde dieses lange vergessene Buch.

Nicht alles, was wir in unserem Leben vergessen haben, ist schon zu Ende. Immer mehr Sätze und Bilder aus meiner Vergangenheit schafften es, auf dem Nachthimmel meiner Erinnerung zu erscheinen. Gedichte aus einer verlorenen Zeit, Weisheiten aus vergangenen Welten und Bilder. Vor allem Bilder – von einer kleinen Bar am großen Meer, von lachenden Menschen, einer wunderschönen Frau und vom Ende eines großen Traums, den ich so gerne weitergeträumt hätte. Und dann noch die Bilder von Unendlichkeit, Freiheit und heiliger Sehnsucht. Eine große Traurigkeit schlich sich ein und die Hoffnung, dass dieses vergessene Buch mir wieder zufliegen würde, wie ein Glücksvogel. Wie wäre mein Leben verlaufen ohne mein Baristaland, fragte ich mich, während ich weiter Richtung Süden fuhr. „Baristaland", murmelte ich im Auto immer wieder vor mich hin. Nur um meine Erfolgsgeschichte zu schreiben, hatte ich dieses Land vergessen und meinen Traum verraten. Aber: Um seine Träume zu erfüllen, ist es nie zu spät. Diese Pausengeschichte wollte von mir noch zu Ende geschrieben werden, mit einem Happy End oder wenigstens mit einem Ende ohne einen Sack voller Fragen. Und kleine Pausen sollten wieder meine Freunde sein und keine Sklaven des Erfolgs.

Nicht alles, was wir in unserem Leben vergessen haben, ist schon zu Ende.

Immer mehr öffnete sich die Erinnerung an mein Baristaland. Sie wurde zu einer blühenden Rose, die mir den Weg zu einer lange verschlossenen Traumwelt wies. Ich versuchte, einzelne Satzfetzen wieder zu einem fast vergessenen Gedicht zu formen, das aus jener Zeit stammte.

Du wanderst auf der schmalen Straße
deines Lebens stur dahin.
Stets scheint alles anders,
und doch denkst du ab und zu:
Hab' ich dies und das nicht schon mal erlebt?
Hab' ich die und den nicht schon mal geseh'n?
Und dann blätterst du im Buche deines Lebens,
liest auf irgendeiner Seite diesen Satz:
„Ich werd' dich nie vergessen."

Es gibt Gedichte, die begleiten uns so lange, bis wir ihre geheimnisvolle Botschaft verstanden haben. Dieses Gedicht war ein solcher Schicksalsträger. Als Kind war ich überzeugt, dass jeder Mensch einen als Gedicht verkleideten Engel hat, der ihm in Zeiten der Not helfen und ihn beschützen will. Vielleicht haben Erwachsene auch solche Helfer. Vielleicht heißen diese Helfer anders. Vielleicht heißen diese Helfer „kleine Pause".

Da fiel mir ein Vortrag ein, den ich vor Kurzem bei einer Veranstaltung in einer Klinik gehört hatte und bei der ich mit erschreckenden Zahlen konfrontiert wurde: Neun von zehn erfolgsorientierten Menschen steckten in Sinnkrisen und arbeiteten am Limit. Ich las in den Unterlagen, wie viele Milliarden Euro der pausenlose Stress unsere Gesellschaft kostete und dass dieser gehetzte Lebensstil für uns alle bald unbezahlbar sein würde. Ich sah ehemalige Manager in den Klinikgängen ihrem verlorenen Leben nachweinen und kleine Kinder nach ihren Vätern schreien, die nicht mit nach Hause durften. „Zeit ist Geld" hatte in diesen Gängen eine ganz andere Bedeutung bekommen.

Vivere la pausa! Es lebe die Pause!

Ein letztes Mal hörte ich den Verkehrsfunk. „Starke Schneetreiben führen zusammen mit dem Rückreiseverkehr aus den Skigebieten zu chaotischen Verkehrsverhältnissen."

Sollen so Pausen aussehen, fragte ich mich, oder sollen Pausen Unterbrechungen sein, um für den Alltag wieder Kraft zu schöpfen, damit neue Gedanken möglich werden? Ist der selbst gewählte Freizeitstress eine Möglichkeit, Kräfte zu sammeln? Ich schaltete das Radio aus, um die Ruhe in mir zu genießen, in mich hineinzuhören, den inneren Stimmen zu lauschen. Wie ein Basso Continuo schwang in diesem Lauschen ein Refrain mit: „Ich bin eine kleine Pause! Hörst du mich? Es gibt jetzt für ein paar Minuten nichts zu tun, nur einfach auszuruh'n."

Bald erreichte ich die Autostrada del Sole und fuhr langsam, nachdenklich und gleichzeitig leerer werdend vor mich hin. Es war nichts zu tun, außer vielleicht ein paar drängende Fragen zu beantworten, die während des Fahrens in mir hochgekommen waren: Wie viele Gelegenheiten für kleine Pausen hast du in deinem Alltag schon übersehen? Wie viele kleine Pausen warten stündlich darauf, dich wieder glücklich und zufrieden zu machen?

Das Erinnern ist der erste Pausencheck zum Einstimmen

Bevor Sie jetzt weiterlesen, bitte ich Sie, für einen Augenblick innezuhalten und sich bewusst zu machen, wann Sie zuletzt wirklich Pause gemacht haben. Wo haben Sie diese Pause verbracht? Wie lange hat sie gedauert? Wie haben Sie sich dabei gefühlt? Vielleicht können Sie sich auch an andere Pausen erinnern, vielleicht sogar an einige, die schon länger zurückliegen.

Da gab es ganz sicher welche, die Ihr Leben bereicherten oder es sogar verändert haben. Fallen Ihnen auch Pausen ein, die Ihnen das Gefühl gaben, etwas versäumt oder eine Gelegenheit nicht ergriffen zu haben?

Das große Glück versteckt sich oft in kleinen Pausen

Pause ist nicht gleich Pause. | Was Sie von Babys lernen können. | Der Verrat an der Pause. | Jede Veränderung beginnt im Kopf. | Wie Sie in einer schlaflosen Nacht Ihr Gedankenkarussell erlösen können.

Pausen bedeuten für unser Gehirn, lernen zu dürfen

Es war Zeit für meine erste Espressopause an der Strada del Sole. Zeit für neue Gedanken. „Unser Wissen um das Geheimnis der kleinen Pausen ist so alt wie wir selbst." Dieser und andere Sätze gingen mir durch den Kopf, obwohl ich doch eigentlich nichts tun wollte, nicht einmal denken.

An der Espressobar versuchte ich, Ordnung in meine Gedanken zu bringen. Eines hatte ich schon gelernt: Pause ist nicht gleich Pause. Unter diesen Bedingungen traute sich der kluge Satz schnell noch mal nach oben: „Unser Wissen um das Geheimnis der kleinen Pausen ist so alt wie wir selbst." Stimmt, so hatte es mir mein Freund, ein bekannter Hirnforscher, am Rande unseres letzten Workshops gesagt, als ich mit ihm über die Heilkraft der kleinen Pausen diskutierte. In diesem Zusammenhang erfuhr ich, dass wir geborene Pausenprofis sind. Schon als Babys lernen wir, unser Leben nach einer inneren Pausenuhr auszurichten. Wenn Babys genug von all dem haben, was ihnen an Reizen von Mama oder Papa entgegenkommt, dann ist für sie ganz plötzlich Schluss mit lustig. Die kleinen Pausenprofis wenden sich spontan ab und zeigen selbst der Lieblingsoma nur noch die kalte Schulter. Sie holen sich, was sie wirklich brauchen: Ruhe! Nur durch diese geheimnisvolle und radikale Balance von Aktivität und Ruhe entwickeln sich die Babys, wie es die Natur vorgesehen hat.

Mit zunehmendem Alter verlieren Menschen diese Balance. Das Gehirn schafft es nicht mehr, alles sofort zu verarbeiten, was neu verschaltet werden will, und lässt die Arbeit einfach liegen. Erst in den Pausen holt es die liegen gebliebene Arbeit nach.

„Bedeutet das dann", fragte ich den Hirnforscher, „dass wir uns nur in den Pausen wirklich weiterentwickeln?"

Der Professor nickte: „Wir brauchen die kleinen und die großen Pausen, damit wir werden können, was wir werden könnten!"

Ausführlich erklärte er mir, dass besonders die kleinen Pausen zwischendurch für unsere Lebensfreude und Gesundheit wichtig seien. „Sonst geht es uns wie einem, der zwar jede Menge Post bekommt, aber nie seinen Briefkasten öffnen will."

Noch viel mehr aus diesen und anderen ähnlichen Gesprächen fiel mir wieder ein. Vor allem, dass wir ohne die kleine Pause zwischendurch und die große Schlafpause in der Nacht nichts lernen, dass wir uns auch nicht weiter entwickeln können und so ein inneres Wachstum verhindern. Und auf einmal hörte ich in mir den Satz, der all das zusammenfasste, was in mir hochgekommen war: Das Wesentliche geschieht in den Pausen.

Dann kamen neue Fragen: Warum verlieren wir mit dem Erwachsenwerden unsere wichtige, ganz persönliche Pausentaktung von Aktivität und Passivität und zahlen dafür oft einen hohen Preis? Warum fallen wir, obwohl wir wissen, dass unser Lebensstil in die Katastrophe führt, immer wieder in die alten Muster? Wie finden wir zu einem Lebensstil, der uns wieder glücklich macht, auch wenn es scheinbar unmöglich scheint? Wie glücken Pausen wirklich?

Das Wesentliche geschieht in den Pausen.

Das **Wahrnehmen** ist der zweite Pausencheck zum Einstimmen

Beobachten Sie bei Ihrer nächsten kleinen Pause Ihre Atmung. Zwischen dem Ausatmen und dem Einatmen gibt es eine kleine Atempause. Können Sie diese Atempause wahrnehmen? Wenn nicht, dann atmen sie einmal ganz bewusst aus, soweit, bis Sie das Gefühl haben, ganz frei für das Einatmen zu sein. Bevor Sie jetzt die neue Luft einlassen, genießen sie den Augenblick davor.

Das ist die kleine Atempause.

In dieser kleinen Atempause ist Zeit, um Ruhe und Kraft zu schöpfen. Probieren Sie diese einfache Übung beim Reden, beim Zuhören, beim Warten aus. Überall dort, wo es für Sie passt. Sie werden bald feststellen, wie viele Gelegenheiten für kleine Pausen Sie bisher ungenutzt verstreichen ließen. Bald haben Sie das Gefühl von Pausenfülle. Genießen Sie diese Fülle.

Wer sich Zeit für Pausen nimmt, der hat sie auch

Wie wir dem Geheimnis des Lichts am besten im Regenbogen begegnen, kommen wir dem Geheimnis unseres Lebens am besten in den Pausen auf die Spur. | Wie Sie wieder Ordnung in Ihre Gefühle bringen.

Pausieren lernen ist nicht schwer

Die Gründe, warum wir unsere ganz persönliche Pausentaktung verlieren, schienen mir nach einigem Überlegen weniger wichtig zu sein als die Antwort auf die Frage, wie wir wieder zu Pausenprofis werden können. Aushalten zu lernen ist eine gute, erste Übung auf dem Weg zum Pausenprofi. Bald sollte ich das am eigenen Leib erfahren.

Nach meiner langen Fahrt Richtung Süden war ich endlich an der Ausfahrt zum Baristaland angekommen und verließ die Autostrada, um in die Landstraße einzubiegen, die mir vor so vielen Jahren zu einer Zwangspause verhalf. Ich blieb kurz stehen, um meinen Atem zu beobachten und staunte im inneren Nachklang über die vielen kleinen Pausen, die selbst eine Autobahnfahrt möglich macht: Ein Stau? Hör' auf deinen Atem! Eine Elefantenrallye zwischen zwei Schwerlastern? Genieße die Entschleunigung! Ein Drängler? Übe das Ausatmen! Eine Vollbremsung? Genieße es, wie dein Atem nach dem Stocken wieder zu fließen beginnt. Eine Umleitung? Was für eine Gelegenheit für neue Entdeckungen!

Ich fuhr wieder weiter. Gerade noch rechtzeitig bemerkte ich die Stelle, an der ich damals meinen Unfall hatte, mit dem alles begann. Anhalten, rief eine innere Stimme. Wäre jetzt nicht die rechte Zeit für eine kleine Pause? Denk daran: Kleine Pausen führen ins Erinnern.

Ich stellte das Fahrzeug ab und spürte, wie mein Herz anfing zu klopfen. Zuerst ging diese Aufregung fast in der ausklingenden Unruhe der Autofahrtfahrt unter.

Doch als es um mich herum still wurde, Motor und Radio ausgeschaltet waren und ich am Straßenrand neben der Leitplanke stand, sah ich auf einmal, wie es hinter der morschen Leitplanke steil nach unten ging. Mein Herz begann wie wild zu schlagen. An dieser Stelle war ich ins Schleudern geraten. Genau hier hätte mein Leben schon vor vielen Jahren zu Ende sein können.

Und wieder dieses Innehalten. Vorsichtig schaute ich noch ein zweites Mal die steile Böschung hinunter. Ganz unten, eingebettet zwischen Böschung und Meer, ja, da war es, mein Baristaland. Ein Stück heile Pausenwelt, weit weg von Hektik und Stress. Eine kleine Straße führte, an einem Kirchlein vorbei, hinunter zu ein paar Häusern, die sich Schutz suchend am Hang festhielten. Dann der kleine Hafen. Viel weiter hinten noch ein großer Mischwald aus Zypressen und Pinien mit einem zum Meer ausgerichteten Palazzo. Davor eine kleine Insel und ein paar Segelboote, die auf dem großen, blau und silbrig glänzenden Wasser in sanftem Rhythmus schaukelten. Das ganze Baristaland war mit einem einzigen Blick überschaubar.

Mein Blick ging noch einmal zum Hafen. Welch eine Freude! Sogar die Bar konnte ich von hier oben erkennen: Meine Bar „la pausa" und dahinter, soweit das Auge reichte: unendlich viel Meer, Meer, Meer und Himmel, blau, bis hinauf in die Unendlichkeit.

Meine Augen wanderten zurück zur morschen Leitplanke und dann zur Böschung. Immer bewusster wurde mir, wie steil es von hier oben nach unten ging. Mein Körper erinnerte sich an den Schreck und verkrampfte sich so, als ob der Unfall erst gestern gewesen wäre.

Dass ich damals so schnell fuhr, geschah aus purem Übermut. Ich wollte das alte Auto testen. Als ich ins Schleudern kam, war es schon zu spät. Ich hörte, wie ich irgendwo aufprallte. Dann fuhr ich, wie von einer Geisterhand gesteuert, rückwärts, bis das Auto zum Stehen kam. Seitwärts auszubrechen und tief abzustürzen, das wäre wahrscheinlich das Ende gewesen.

Habe ich das geschenkte Leben, das mir seitdem vergönnt war, auch als Geschenk gelebt oder so, als ob nichts geschehen wäre? Keine Antwort. Ich versuchte noch einmal, in mich hineinzuhören und meinen Körper zu fragen.

Denn eine Antwort, die wir vom Körper bekommen, ist immer verlässlich.

Es war in all den Jahren keine Liebesbeziehung zwischen meinem Körper, meinen Gefühlen und meinen Gedanken entstanden. Das zeigte sich schnell. Verkrampfungen hier, Verhärtungen dort. Vieles an mir fühlte sich fremd für mich an. Bei dieser Körperreise wurde mir aber noch etwas bewusst, nämlich dass Erfahrungen etwas anderes sind als Gedanken. Nach so vielen Jahren erkannte ich erst in dieser kurzen Pause, wie viel Glück im Unglück ich gehabt hatte. Das Auto war zwar fahruntüchtig und musste repariert werden. Aber was hätte alles passieren können?

Natürlich war ich damals zu allererst sauer über diesen Zwangsaufenthalt, die verlorene Zeit des Wartens, die Kosten, die Ungewissheit. Auch dass es nicht einmal eine richtige Werkstatt gab, machte mir anfangs gewaltig Stress. Ich erinnerte mich mit einem Schmunzeln daran, wie wütend ich auf den Werkstattbesitzer war, weil er sich nicht wegen eines Termins festlegen wollte und erst recht nicht wegen der Kosten. Er ließ mich einfach stehen. Die Ohnmacht lässt manche Pausen zu Tyrannen werden.

Ich weiß noch, wie ich dastand und den Ort nach meiner inneren Bedürfnishierarchie abscannte. Keine Bank, keine Polizei, nicht einmal ein Hotel gab es in diesem Dörfchen. Nur eine kleine Bar.

Also wenigstens einen Espresso trinken, dachte ich mir und ging hinein. Es dauerte eine ganze Weile, bis sich der Barbesitzer sehen ließ. Das steigerte meine Wut auf die Ungerechtigkeit des Schicksals noch mehr. Die Wut verflog allerdings mit seinem herzlichen Lächeln. Ein alter, gemütlicher Mann mit nach hinten gebundenem grauen Zopf und weißem Hemd stand vor mir und sah mich lange prüfend an, ehe er auf meine schroffe Frage nach einer Pension antwortete: „Tut mir leid, Signore, hier gibt es kein Hotel, keine Pension, nicht einmal ein Ristorante. Aber dafür gibt es meine Bar „la pausa" und den besten Espresso der Welt. Wenn Sie möchten, eingepackt in eine heilsame Empfehlung."

„Und die wäre?"

„Nutzen Sie die Zeit hier, um das Geheimnis der Pause zu finden. Sie werden es noch zu schätzen wissen. Pausen zeigen uns, was wirklich ist."

Ich konnte damals die Botschaft dahinter nur erahnen. „Wie lange?"

„Vielleicht zehn Espressopausen, vielleicht auch länger."

Eigentlich hatte ich auf seine Einschätzung zur Länge der Reparaturzeit gehofft und nicht auf einen therapeutischen Rat. Doch der Espresso war tatsächlich der beste der Welt, und es tat mir gut, dass sich der Barista an diesem Abend so geduldig meine Geschichte vom Unfall anhörte.

„Was für ein Glück, dass ich ins Schleudern kam und dadurch ein Stück rückwärts weiterfuhr. Das hat vielleicht mein Leben verlängert, auch wenn es meine Reise verkürzen wird. Anders herum hätte es ein Problem gegeben."

„Gute Einstellung. Ich habe einen ähnlichen Spruch: Rückwärtsgehen verlängert das Leben. Aber das kapieren nur wenige Menschen."

„Ich gehöre auch zu diesen Leuten", gab ich offen zu.

Da empfahl mir der Barista spontan, mit ihm das Rückwärtsgehen zu üben. Nach ein paar Versuchen wurde mir klar: Es ging in dieser Übung darum, langsamer zu werden. Langsamer zu werden ist eine gute Übung auf dem Weg zum Pausenprofi.

Nachdem wir mit wechselndem Erfolg das Rückwärtsgehen ausprobiert hatten, bot mir der alte Herr an, in einer Kammer über der Bar zu schlafen.

„Wissen Sie, unser Alfonso ist eher Schmied als Automechaniker. So wie ich ihn kenne, wird die Reparatur länger dauern."

Ich war glücklich über das Angebot. In tiefer Dankbarkeit versuchte ich es gleich noch einmal mit dem Rückwärtsgehen: vor der Bar, an der Hafenmauer, auf dem Weg zur Kammer und zurück. Immer wieder stolpernd und müde, lachend, zum Schluss tanzend, bis ich das Geschenk in der Übung ahnte. Entschleunigung hieß das Zauberwort. Und so ganz nebenbei verschwand auch meine Wut.

All diese vergangenen Bilder kamen hoch, als ich vom damaligen Unfallort auf mein Baristaland hinunterschaute. Ich staunte noch mehr, als ich bemerkte, dass allein der Gedanke an dieses Rückwärtsgehen auch jetzt, Jahre später, ausreichte, um den Stress der Autofahrt zu vergessen und wieder Ruhe und Gelassenheit im Körper zu spüren. Ein Lächeln verirrte sich in meinem Gesicht, aber auch etwas Traurigkeit über die verloren geglaubten Chancen.

Ich dachte an einen Kunden, der eine lebensbedrohende Krise mit viel Glück überstanden hatte und danach einfach so weitermachte, als wäre nichts geschehen. Eine kleine Pause hätte ihn vielleicht Dankbarkeit gelehrt. Aus dieser Dankbarkeit heraus wären neue Chancen erwachsen und vielleicht sogar ein neues Glück. Kleine Pausen fördern die Dankbarkeit. Diesen Satz wollte ich mir merken. Ich stieg ins Auto und fuhr hinunter zur Ortschaft.

Kleine Pausen
fördern die Dankbarkeit.

Das Kraftbild ist der dritte Pausencheck zum Einstimmen

Alles, was Sie über Pausen wissen müssen, ist in Ihrem Körper gespeichert. Sie brauchen also nur die Sprache Ihres Körpers zu verstehen. Erinnern Sie sich an eine Zeit, die Sie heute noch mit Freude und Dankbarkeit erfüllt. Versuchen Sie, sich die Gefühle bewusst zu machen. Wo spüren Sie diese Gefühle am deutlichsten? Legen Sie die Hand auf diese Körperstelle und lassen Sie dann Ihren Atem tief in diese Stelle hineinfließen. So leicht geht verankern.

Wenn Sie sich ab jetzt gute Gefühle herzaubern wollen, brauchen Sie nur Ihre Hand ein paar Minuten auf diese Stelle zu legen, und Sie fühlen sich wie damals, als Sie noch ein Pausenprofi waren. Das funktioniert auch, wenn Sie Pausen, auf die Sie sich besonders freuen, einen Ankerplatz in Ihrem Körper geben können: Die Vorfreude auf einen wundervollen Urlaub, ein paradiesischer Ausblick aufs weite Meer oder ein Moment tiefer Zufriedenheit auf einer Waldlichtung. So können Sie in Zeiten seelischer Not auf diese Bilder zurückgreifen.

Die Wiedergeburt des Pausenkönigs

Erinnern ist Sehnsucht nach Vergangenheit. | Manchmal ist Erinnerung aber auch Humus für das Neue. | Wie Ihrer Erinnerung Flügel wachsen. | Das Glück passt auch in die kleinste Pause.

Pausen zeigen uns, was wirklich ist

Unten am Ort angekommen, stellte ich mein Auto direkt vor dem Ortsschild ab, weil ich die letzten Meter zu Fuß gehen wollte. Im langsamen Gehen kamen wieder Fragen: Würde es den Barista überhaupt noch geben? Und auch die Bar, so wie sie war? Was mag wohl aus Angelina geworden sein, die damals so schön war und so jung?

Ich wurde noch langsamer und blieb schließlich stehen. „Werde langsamer, um schneller zu sein." Das waren die Worte des Barista, die mir einfielen, während immer mehr Menschen aus dieser Zeit vor meinem inneren Auge lebendig wurden. Gibt es all die Menschen noch? Ich versuchte mich unsichtbar zu machen, indem ich wie ein Kind die Augen schloss. So stand ich ein paar Atemzüge lang einfach da, roch das Meer, hörte die Stille. Die Stille ist ein Kind der Pause. Mit geschlossenen Augen ging ich das letzte Stück auf der Straße Schritt für Schritt ganz bewusst und langsam.

Als ich die Augen wieder öffnete, war der Hafen ganz nah. Der Hafen vom Baristaland. Direkt neben dem Hafen lag meine Bar „la pausa". Die altmodische Schreibschrift prangte noch wie vor vielen Jahren über der Tür. Wenn das Ortsschild oben an der Straße so etwas wie die Tür zu einem verlorenen Traum war, dann lag in dieser Bar der Schlüssel für das Türschloss. Öffnen aber konnte sie nur der Barista.

In meinem Kopf rumorte es. Mein Brustkorb wurde eng. Meine Beine zitterten. Ich setzte mich auf einen der Stühle unter der Pergola und wartete. Ich hatte Zeit, und außerdem wusste ich, wie es ging, etwas „auszuhalten". Demut sei das passende Wort für Aushalten, hatte der Barista einmal zu einem Gast gesagt. Wie glückt Demut, wenn der Kopf zum Zerspringen angespannt ist?

Eine meiner kleinen Pausenübungen – das Wahrnehmen – fiel mir dazu ein. Wie oft habe ich sie schon Menschen empfohlen, die sich lieber den Kopf zerbrechen, als ihr Herz zu öffnen. Ich konzentrierte mich ein paar Sekunden lang auf die Pause zwischen Einatmen und Ausatmen. Selbst kleine Pausen können zu Ewigkeiten werden, wenn Angst und Sehnsucht sich nicht einigen wollen.

„Wer diese Ewigkeiten aushält, ist dem größten Geheimnis der Pausen schon ganz nah." Das erklärte mir einmal der Barista, als wir unter der Pergola saßen.

„Warum willst du mir dieses letzte, größte Geheimnis nicht einfach verraten?"

„Weil es sonst keine Geheimnisse mehr gibt."

Aber es gab auch einen anderen Grund. Der hatte etwas mit mir zu tun.

Das Verwurzeln ist der vierte Pausencheck zum Einstimmen

Konzentrieren Sie sich ausschließlich auf Ihre Fußsohlen. Atmen Sie ganz langsam in die Fußsohlen hinein. Dann stellen Sie sich vor, dass mit jedem Atemzug feine Wurzeln aus Ihren Fußsohlen wachsen. Durch diese gedachten Wurzeln fließen all die Aufregung, der Stress hinaus. Dann konzentrieren Sie sich auf das Einatmen. Erleben Sie jetzt, wie mit jedem Einatmen durch die Wurzeln frische Kraft in ihren Körper fließt.

Spüren Sie, wie Sie sich auf diese einfache Weise immer mehr verwurzeln, und genießen Sie dieses Verwurzeltsein mit jedem bewussten Atemzug.

Der gefundene Zufall

Die Sehnsucht ist die Erlöserin der Angst. | Wie Sie Ihre Sehnsucht zum Leben erwecken. | Jede Sehnsucht führt zu einem Ort mit einem vergessenen Schatz. | Das Gold des äußeren Erfolgs ist nicht das Gold der Sehnsucht. | Was die Sehnsucht zum Leben braucht. | Das größte Geschenk der Sehnsucht.

Die Pause zwischen Angst und Sehnsucht

Der Weg von der Erinnerung in die Gegenwart war länger als der Schatten, den das Licht der Spätnachmittagssonne auf die Terrasse warf. Da bemerkte ich jemand hinter mir, wollte mich sofort umdrehen und wissen, wer da auf mich zukam. Ich konnte es kaum erwarten, die Person zu sehen. Die Spannung aushalten, nur nicht umdrehen, sagte ich mir. Würde es der Barista sein? Oder sogar Angelina? Oder ein mir fremder Mensch?

„Un espresso, per favore", sagte ich. Dabei drehte ich mich ganz langsam, fast zögernd um. Vor mir stand eine Frau mittleren Alters. Sie trug ein langes lilafarbenes Kleid, das ihre Figur perfekt betonte. Die dunklen Haare schulterlang, die Lippen voll. War sie das?

„Angelina?"

„Si", antwortete sie knapp mit fragendem Unterton.

„Ich bin Giovanni, der Scrittore." So hatte sie mich immer genannt, weil ich damals schon viel schrieb. Scrittore, der Schriftsteller.

Ich stand auf, brav wie ein schüchternes Kind, sah in ihre Augen und versuchte den Blick auszuhalten, die Fragen, die Gefühle, die Rätsel, die Schönheit. Ja, die Schönheit …

„Und ob ich mich erinnere! Du bist Giovanni, der Scrittore", wiederholte sie immer wieder, mal kopfschüttelnd, mal in sich gekehrt, mal wild gestikulierend, „Scrittore, manche Pausen dauern sehr lange, zu lange, selbst für den geübten Pausenprofi unerträglich lange."

Angelinas Augen begannen Trauer zu tragen, und ich hörte die Geliebte in ihr schluchzen. Dann nahm ich ihre Hände, streichelte vorsichtig ihre Finger, spürte das Zittern, suchte Nähe und drückte sie schließlich an mich, weil ich den Abstand unserer Körper nicht mehr aushielt. Augenblicke des Zögerns, in denen alles möglich ist, auch das Unmögliche, bis sie sich in mich fallen ließ und weinte. Dann drehte sie sich erst langsam weg und schließlich wieder zu mir, blieb vor mir stehen und schüttelte mich. Ich ließ mich schütteln, und alles Fremde fiel ab. Dann fielen wir uns in die Arme. Zu lange für ein Vergessen. Zu kurz für ein Verzeihen. Ich sah die kleine graue Strähne in ihrem Haar und deckte sie mit schwarzen Haaren zu.

Sie schaute mich sehr, sehr tief an. Schweigen, nichts als Schweigen.

„Ja, so lange warst du fort."

Wieder Schweigen.

„Du hast so wunderschöne Gedichte geschrieben. Ich wusste nicht, dass diese Gedichte die Wirklichkeit vorwegnehmen.

Es kann sein, dass ich dich nie begreif',
es kann sein, dass ich dich nie erfahr'.
Eins ist mir klar:
Zerstören kann dich nur der Wind,
der Leben bringt."

Sanft, unendlich tief drangen die Worte des Gedichts in meine Seele. Schließlich ging sie, um uns einen Espresso zu brühen. Ich folgte ihr auf den Spuren der Sehnsucht und wiederholte die letzten Zeilen:

„Zerstören kann dich nur der Wind, der Leben bringt."

Kleine Pausen sind wie ein Aufbruch in eine neue Achtsamkeit, die keine Zeit kennt. Es wurde eine lange Espressopause für uns beide. Langsam kündigte sich die Nacht an. Angelina bot mir das Zimmer über der Bar an.

„Dein Zimmer, genauso wie beim ersten Mal."

Wir gingen ins Haus. Ich sog die alten Bilder und Düfte in mir auf, bis ich im Halbdunkel über der Espressomaschine ein großes Foto mit einem schwarzen Band an der oberen Ecke bemerkte. Darauf stand: „Vivere la pausa".

Angelina sah das und flüsterte: „Seine letzten Worte. Er starb so fröhlich und heiter. Seitdem habe ich keine Todesangst mehr."

Ich horchte auf. Hatten wir nicht immer wieder über ihre schlimmen Todesängste gesprochen, verpackt in allerlei Masken. Leise und zärtlich klang ihre Stimme, als sie mir erklären wollte, was keiner Erklärung bedurfte.

„Es ist gut so."

Ihre Worte weiteten sich zu einem großen Raum, der uns beide einschloss ebenso wie die Bar und den Ort und die Zeit.

Kurz darauf schien es, als würde die Stimme des Barista zu mir sprechen: „Schön, dass du da bist, Scrittore. War ein langer Umweg, bis du endlich wieder bei dir angekommen bist. Ja, der Erfolg ist wie ein Labyrinth. Manche kämpfen ein Leben lang und schaffen es nie, reinzukommen. Andere haben sich drin verirrt und finden den Ausgang nicht. Ein paar Glückliche schaffen den Ausstieg gerade noch, bevor sie hinausgetragen werden müssen."

Ich war hellwach und gleichzeitig erlaubte ich meiner Sehnsucht zu träumen. Ich sah zu dem Bild des Barista. Für einen Moment schien es, als wolle er mir noch etwas sagen und mir dabei verschmitzt zublinzeln: „Wüssten die Menschen nur mehr über das Geheimnis der Pausen, es ginge ihnen besser!" Ja, das war seine Stimme, woher sie auch kam.

Das Innehalten ist der fünfte Pausencheck zum Einstimmen

Erlauben Sie sich ein paar Minuten Stille. Fragen Sie in diese Stille hinein: Was ist meine größte Sehnsucht? Wenn andere Gedanken Sie von der Antwort ablenken wollen, ist Ihre Aufgabe nur, Ihre Frage so oft zu wiederholen, bis die Antwort kommt. Bedanken Sie sich bei Ihrer Sehnsucht dafür.

Das Geschenk der Sehnsucht

Wenn Sie träumen, dass Sie träumen, sind Sie kurz vor dem Erwachen. | Jede kleine Pause belohnt Sie durch ein Geschenk, das nicht zu fassen ist. | In der Wertschätzung zeigt sich der Wert Ihres Schatzes.

Das vergessene Pausenbuch

Angelina verschwand in einem der Zimmer, um kurz darauf mit einem Buch wiederzukommen.

„Dein Pausentagebuch. Du hattest es mir geschenkt, und ich habe es seit dieser Zeit aufgehoben, um es dir eines Tages zurückzugeben, weil mir klar wurde: Es ist und bleibt dein Buch."

Dann senkte sie den Kopf, atmete ein paar Seufzer lang tief durch und fuhr fort: „Ich will nicht verschweigen, dass ich in letzter Zeit öfter darin gelesen habe. Und auch ein Brief von mir liegt seit Jahren hinten im Buch. Ich schenke ihn dir, aber öffne ihn bitte erst, wenn du das Buch noch einmal gelesen hast."

Sie hielt das Buch so lange fest, bis ich mein Versprechen gab, ihren Brief erst ganz zum Schluss zu lesen. Dann streckte sie es mir wie eine Bibel entgegen. Ungläubig starrte ich auf das Buch, nahm es vorsichtig entgegen, wie ein Geschenk aus einer anderen Welt: mein verloren geglaubtes Pausentagebuch. Ich strich vorsichtig und zart über den Umschlag, als wäre er ein Blütenblatt. Für einen Fremden war das, was ich in Händen hielt, nur irgendein altes Poesiealbum, für mich aber war es ein kostbares, wiedergefundenes Paradies.

In diesem Augenblick fühlte ich mich wie der junge Schreiber von damals. Ich stand auf, um mich zu bedanken. Aber es wollte mir nicht gelingen. Zu heftig brodelten die Gefühle des jungen Scrittore in mir. Ich begann einmal mehr innerlich zu zittern, zu schluchzen, zu weinen, ganz tief innen, dort, wo seit all diesen

Berufsjahren der junge Träumer auf mich wartete. Ich hatte in all den Jahren des Erfolgs gelernt, keine Gefühle zu zeigen. Jetzt war ich der Gefangene meines eigenen Winters.

„Danke", sagte ich. Mehr ging in diesem Augenblick nicht. So stand ich lange sprachlos vor ihr.

Das Pausenspiel

„Erinnerst du dich noch an unser kleines Pausenspiel?", fragte mich Angelina nach einer Zeit des Schweigens, wohl weil sie spürte, dass ich immer noch traurig war.

Damals schon konnte Angelina Traurigkeit nicht ertragen. Als ich nach einer wunderbaren Nacht den Augenblick festhalten wollte, was mir nicht gelang, wurde ich traurig. Da wollte sie mit mir unbedingt das „Rückwärtsgehspiel" ausprobieren: Einer geht rückwärts, und der andere passt auf. Zuerst gingen wir langsam, dann immer schneller und dann wieder langsamer, irgendwann so langsam, bis wir fast nicht mehr vom Fleck kamen.

„Wenn die untergehende Sonne das Ende unseres gemeinsamen Weges ist, dann laufen wir ihr rückwärts davon. Damit wird dieses wunderbare Liebesleben nie zu Ende gehen." Angelina war zu dieser Zeit noch so jung.

Angelina fragte noch einmal in meine Erinnerungen hinein: „Wollen wir das Rückwärtsgehspiel noch einmal spielen?"

Ich nickte eifrig, fühlte Dankbarkeit für ihre Idee: „Oh ja, wollen wir es gleich versuchen, oder ist es schon zu spät?"

Sie wurde sehr nachdenklich.

„Es ist schon später, als du denkst. Vielleicht sollten wir es gerade deshalb gleich versuchen."

Sie nahm mich bei der Hand und begann vorwärts zu gehen. Ich drehte mich um und ging los.

„Wie gut es noch geht", rief sie begeistert und lief schneller.

Wir begannen mit der Geschwindigkeit zu spielen und wurden immer mutiger, bis ich ihr fast in die Arme fiel und sie mich auffing. Für einen Augenblick waren wir uns nah, ganz nah. Das genügte der Erinnerung. Da war er wieder, nach all den Jahren, dieser vertraute Duft, den ich nie wirklich vergessen hatte. Ich spürte, wie er den Raum füllte, den das Vergessen aufriss. Kleine Pausen erlösen den Schmerz der verlorenen Zeit. Ich genoss die Erlösung. Dann meine Frage:

„Bist du verheiratet?"

„Bald."

Schweigen.

„Buona notte. Gute Nacht. Schlaf gut."

Kleine Pausen erlösen den Schmerz der verlorenen Zeit.

Ein „Danke" ist der sechste Pausencheck zum Einstimmen

Suchen Sie sich für diese Übung einen Raum, in dem Sie für ein paar Minuten ungestört sind und wo sich ein Spiegel befindet. Stellen Sie sich davor und betrachten Sie sich für den Zeitraum dieser kleinen Pause mit den Augen eines staunenden Kindes. Was Ihnen jetzt entgegenschaut, ist pures gelebtes Leben. Was geschieht dabei mit Ihnen? Es ist nichts zu tun, außer wahrzunehmen. Dann erst verneigen Sie sich vor Ihrem Spiegelbild.

Der große Traum

Vom Geheimnis der „Kairos"-Zeit. | Kleine Pausen wecken die Erinnerung an eine Zeit, in der das ganze Leben eine Pause war. | Das große Wundern beginnt mit der Wiederentdeckung verloren geglaubter Schätze. | Ein Leben ohne Uhr.

Wenn Zeit zeitlos wird

Es gibt Pausen, die wollen keine Chronos-Zeit, in der die Uhr regiert, sondern nur die des „Kairos". Das ist die Zeit, in der Pausen geboren werden und damit alles, was das Leben lebenswert macht. Und es gibt Pausen, die wollen nur einen Anfang und kein Ende, weil das Ende für immer eine Illusion zerstört.

Ich saß allein auf dem Balkon über der Bar, so selbstverständlich, als wäre ich nie fort gewesen, hielt mein Pausentagebuch aus längst vergangenen Zeiten in der Hand und wusste noch nicht, welche Überraschungen darin verborgen waren. Achtsam und andächtig strich ich immer wieder über den Rücken und den Titel.

Ich versuchte in der Zeit meines damaligen Schreibens anzukommen und sortierte meine Erinnerungen. Dieses Tagebuch war nicht nur die Eintrittskarte für eine Zeitreise. In diesem Buch stand alles, was mir damals wichtig war. Die Weisheiten, Geheimnisse und Pausenübungen des Barista ebenso wie meine Erlebnisse und Gefühle, die Angelina betrafen, meine Liebesgedichte und die Zeichnungen, die ich heimlich von ihr machte, als sie im Garten in der Sonne lag. All das fand sich in diesem Büchlein wieder.

Aber warum habe ich Angelina diesen so intimen Geheimnisträger geschenkt? Warum verzichtete ich auf die vielen Weisheiten des Barista? Warum bin ich nie mehr zurückgekehrt? Je länger ich darüber nachdachte, umso mehr wunderte ich mich. Ich dachte an meine vielen Freunde, die ihren großen Traum verrieten.

Ich dachte an Menschen, die sich selbst verrieten, ich dachte an Kunden, die um des Geldes willen alles was ihnen wichtig war verrieten. Aber ich? Sollte ich auch zu diesen Verrätern gehören?

Keine Antwort. Nur Schweigen in mir. Ich erinnerte mich nur noch daran, dass mit meiner Abreise aus dem Baristaland auch mein Paradies verschwand. Der Erfolg wurde zu einem Vampir, der alle Träume aussaugte, ohne dass ich es merkte. In den Jahren, die folgten, schrieb ich eine Erfolgsgeschichte, so wie es von mir erwartet wurde. Ich war stillschweigend zum Agenten eines Systems geworden, das nur das Recht des Stärkeren kannte. Ich glaubte, aus Krisen gelernt zu haben, aber das Spiel ging weiter. Nur dass ich diesmal Hoffnung verkaufte. Sollte dieses Spiel immer so weitergehen? Würde der gefundene Zufall, den ich jetzt als Pausentagebuch in Händen hielt, meinem Leben doch noch eine neue Richtung geben? „Das WAS bedenke, mehr bedenk' das WIE." Der alte Goethesatz kam mir in den Sinn. Ich war überzeugt: Dieses Pausentagebuch würde mir helfen, das WIE und das WAS neu zu beantworten. Wie glückt ein neues Glück? Vielleicht durch die Kunst der kleinen Pausen? Was wäre dadurch Neues möglich? Vielleicht würde ich dann ja der Nachfolger des Barista. Vielleicht fange ich hier ein neues Leben an. Vielleicht.

Aber war es nicht zuallererst nötig, wieder zu mir stehen zu lernen, all das Fremdgewordene in mir erneut an mich zu drücken? Wieder fühlen zu lernen, was ich wirklich fühlte und was ich wirklich brauchte? War es nicht ebenso wichtig, wieder für mich und meine tiefsten Bedürfnisse wirklich sorgen zu lernen und nicht nur für die Bedürfnisse anderer?

In jeder Zwangspause versteckt sich die Chance für eine heilsame Pause. Das hatte ich verstanden. Aber was wird erst möglich, wenn ich diese kleine Pause zu einem radikalen Neubeginn nutze? Zu ganz neuem Denken, Fühlen, Handeln? Es schien mir immer „notwendender", mich radikal zu hinterfragen: Was waren eigentlich meine ganz eigenen, tiefsten Bedürfnisse?

Es gibt Fragen, die brauchen mehr als eine Zwangspause, um eine Antwort zu finden, und doch versteckt sich auch in ihnen eine Chance.

Die Körperreise ist der siebte Pausencheck zum Einstimmen

Bleiben Sie bei Ihrer nächsten Espressopause bewusst stehen. Richten Sie Ihr Bewusstsein auf Ihre Zehenspitzen. Wahrnehmen, ohne zu bewerten. Wandern Sie dann bewusst nach oben zu den Unterschenkeln. Wahrnehmen, ohne zu bewerten. Gehen Sie weiter nach oben zu den Knien, Oberschenkeln, Hüften. Immer wahrnehmen, ohne zu bewerten. In dieser Weise gehen Sie auf Körperreise über den Bauch, die Brust, die Arme, Schultern, bis Sie am Scheitel oben ankommen. Immer nur wahrnehmen, ohne zu bewerten.

Der wiedergefundene Schatz

Was uns die Seele schenkt, geht uns nie wirklich verloren. | Wenn wir aufhören zu suchen, finden wir das, was wir wirklich brauchen. | Der gefundene Zufall. | Das größte Geheimnis der Pause.

Mit dem Staunen beginnt das Glück

Nicht alles, was nach einem Märchen klingt, ist eine Erfindung. Aber unterscheiden zu können zwischen Märchen und Wirklichkeit, wem gelingt das schon? Dieses Buch, das ich da in Händen hielt und das mit meinen Schätzen aus längst vergangenen Zeiten gefüllt war, gab es wirklich. Wie hatte ich es überhaupt vergessen können?

Vergessen ist etwas erst dann, wenn wir ihm die Hoffnung rauben. Aber in dieser Nacht war ich voller Hoffnung, ich war Zuschauer und Hauptperson zugleich. Es würde eine lange Lesenacht werden. Davon war ich überzeugt.

Ich strich über das noch geschlossene Buch und genoss die aufkommende Spannung, die Pause vor der großen Bescherung. Es war wie bei einer Theateraufführung. Bald würde sich der Vorhang öffnen und den Blick in eine andere verloren geglaubte, fast vergessene Welt freigeben. Aber diese Welt war in diesem Moment wirklicher und beständiger als die scheinbar wirkliche. Gleich würde ich darin eintauchen, wie ein Muschelsucher in die unendliche Weite des Ozeans.

Nur ein paar Meter weiter, getrennt durch eine dünne Wand, lag sie. Nach langen Jahren des Vergessens war ich, der unbewusst Suchende, fündig geworden. Ich erinnerte mich an einen Spruch des Barista: Glückskinder sind Menschen, denen die kleinen Pausen einen großen Traum erfüllen. Mein Traum stand kurz vor der Erfüllung. Ich begann zu lesen.

Das Öffnen Ihres Himmelstors ist der achte Pausencheck zum Einstimmen

Wir tragen alle fremde Lasten auf unseren Schultern, weil wir nicht frei entscheiden können, wann wir ja oder nein sagen. Diese Lasten machen uns kleiner, als wir wirklich sind. In dieser Übung geht es deshalb um ein neues Selbstbewusstsein. Ihre Füße stehen parallel und schulterbreit nebeneinander. Die Knie locker. Schultern und Hals entspannt. Der Kopf ist zentriert.

Versuchen Sie, Ihren Kopf langsam nach vorn zu beugen, so als würden Sie nicken. Ganz langsam. Und noch langsamer, vor allem achtsamer. Dann kehren Sie wieder in die Ausgangslage zurück. Achten Sie darauf, dass Ihr Kopf auch wirklich wieder in der Grundstellung zentriert ist. Wiederholen Sie das Nicken mehrmals ganz langsam. Nun üben Sie das Nein mehrmals. Auch ganz vorsichtig und langsam. Zuletzt üben Sie das Schulterkreisen vorwärts und rückwärts. Auch das ein paar Mal. Gehen Sie bewusst nicht bis an Ihre Grenzen. Wiederholen Sie diese Übungsfolge spielerisch und ganz achtsam täglich in Ihren kleinen Pausen.

Das Pausentagebuch

Beobachte die Natur
in ihrem Bemühen um Heilung
und lerne von ihr.
So wirst du wieder frei und erkennst,
was es heißt, zu leben.
Dein Barista
(frei nach Hippokrates von Kos ca. 460 v. Chr.)

Meine erste Espressopause führt mich zu meinem heiligen Gral

Schon am ersten Tag im Baristaland erlebe ich, wie sich Glück im Unglück zeigen kann. Meine Ankunft ist ein Schnellkurs im Wundern. Ein verschlafenes Dorf mit einem kleinen Hafen, dafür viel Sonne, Sand und Meer: Jetzt weiß ich, wo die Pause wohnt, und wie eine kleine Espressobar einem alten Traum eine neue Hoffnung gibt. Meine erste Begegnung mit Giovanni Barista ist für mich wie die Begegnung mit einem Zauberer. Der Meister der Espressopausen ist viel mehr als nur ein Barista.

„Jeder Erfolg beginnt mit einer Pause. Wer weiß das besser als ich? Schließlich bin ich seit über fünfzig Jahren der Besitzer von „la pausa", unserer ersten und einzigen Espressobar in diesem schönsten Ort der Welt." Mit diesen Worten begrüßte mich der Barista an diesem frühen Morgen. Ich lehnte, noch ziemlich verschlafen, an der schmalen Theke und wartete geduldig auf meinen ersten Espresso. Die Aufregungen des gestrigen Tages standen mir noch ins Gesicht geschrieben, und meine Gedanken drehten sich nicht um Erfolg oder Pausen, sondern darum, wie ich meine ganz aktuellen Probleme in den Griff bekommen könnte. Der einzige Erfolg, den ich überhaupt an diesem frühen Morgen sah, war der einer Katze, die draußen vor der Tür damit beschäftigt war, das heraus-zuwürgen, was sie zu viel in sich hineingefressen hatte. Ich suchte neue Bilder und entdeckte mein Spiegelbild im Spiegel hinter der Theke. Dabei bemerkte ich, dass ich noch so aussah, wie ich aus dem Bett gestiegen war: Zerzauste Haare und unrasiert. Auch das gefiel mir nicht. Dann beobachtete ich die klei-nen Kätzchen, wie sie spielerisch ihre Erfahrungen sammelten, sich balgten, jagten und dabei die Welt um sich herum vergaßen. Als sie genug vom Spielen hatten, kuschelten sie sich aneinander und schliefen ein.

Ich weiß noch, wie ich dann krampfhaft versuchte, die einzelnen Fäden meiner Erinnerungsstränge wieder zusammenzubekommen: Also: Ich verbrachte die vergangene Nacht bei einem fremden Menschen in einem fremden Zimmer, irgendwo in einem fremden kleinen Fischerdorf im Süden genau über dieser Bar. Mein demoliertes Auto wartet in irgendeinem Schuppen zwischen ausgedienten Booten und schrottreifen Vehikeln darauf, vielleicht von einem Dorfschmied repariert zu werden.

Dass ich überhaupt in diesem Zimmer übernachten konnte und nicht auf irgendeiner Bank zwischen streunenden Hunden, die in dieser Nacht den Weltrekord im Dauerbellen aufgestellt hatten, das verdanke ich dem alten freundlichen Barista mit seinem schlauen Spruch. Ebenfalls ihm verdanke ich, dass sich der Dorfschmied Alfonso dann doch bereit erklärte, mein Auto wieder in Ordnung zu bringen. Das war gar nicht so einfach. Zuerst kam nur ein „si, possibile", „Ja, vielleicht" würde er irgendwann von irgendeinem Freund aus den Bergen die Ersatzteile bekommen, die er vielleicht bräuchte.

„Und wenn nicht?" Ich sehe noch vor mir, wie er meine Frage mit einem Achselzucken beantwortete.

Aber dann diskutierte dieser freundliche alte Barista der einzigen Bar am „schönsten Ort der Welt" so intensiv und theatralisch mit ihm, wie ich es nur aus italienischen Filmen kenne. Das schien zu wirken. „Subito", also „sofort", gab mir der Dorfschmied als Gute-Nacht-Geschenk mit in den Schlaf.

Das war gestern, und heute Morgen stand ich nach einer einigermaßen erfolgreich durchschlafenen Nacht und einem einmalig schönen Sonnenaufgang unten an der Bar, schaute durch die Fenster in das weißliche Blau eines windstillen Morgenmeeres und wartete auf meinen ersten Espresso. „Die Geduld ist die Mutter der Espressopausen", hatte mich der Barista schon beim Bestellen vorgewarnt. Ganz in sich versunken polierte er zuerst die Armaturen seiner Espressomaschine und nutzte die Gelegenheit für ein paar scheinbar belanglose Fragen.

„Woher kommen Sie eigentlich, mein Freund?"

„Aus Deutschland."

„Und wohin geht die Reise, wenn das Auto wieder flott ist?"

„Das überlasse ich dem Zufall."

„Und wie lange wollen Sie insgesamt Ferien machen?"

„Das weiß ich noch nicht."

„Müssen Sie nicht irgendwann mal wieder arbeiten?"

„Bevor der Ernst des Lebens kommt, mache ich erst mal so richtig Pause!"

„Bravo."

„Jeder Erfolg beginnt doch mit einer Pause. Oder?", wiederholte ich mit fragendem Unterton seinen Satz.

Die Hand des Barista streichelte vorsichtig und lange die frisch polierte Espressomaschine, als wäre sie seine Geliebte. Dann antwortete er ganz langsam:

„Ja, so ist es. Nur im Verweilen werden wir bereit für neue Antworten und neue Erfolge. Nur im Verweilen findet uns das Glück. Selbst wenn sich der Erfolg vor uns versteckt oder uns davongelaufen ist, finden wir ihn in der Pause. Aber auch wenn wir uns auf der Jagd nach Erfolg ganz fremd geworden sind, können wir uns in einer kleinen Espressopause wieder näher kommen. In den Pausen lernen wir, wieder frei zu entscheiden, ob wir uns weiter Fremder oder Feind oder Freund sein wollen. Es geht in diesen kleinen Pausen darum, bewusst das einzusammeln, was wir im Alltag verstreut haben. Pausen schaffen Raum für neue Antworten."

So in etwa ging es den ganzen Tag weiter. Manche dieser Weisheiten verstehe ich auch jetzt noch nicht. Aber ich spüre, dass ich all das, was hier geschieht, besser verstehen werde, wenn ich es aufschreibe. Das sagte ich heute Morgen auch dem Barista und der versprach, mir ein Buch zu besorgen, in das ich das schreiben könne, was mir wichtig scheint. Also so etwas wie ein Pausentagebuch. Für die Zwischenzeit gab er mir ein paar Blatt Papier. Darauf könne ich ja meine Notizen machen, bis das Pausentagebuch da ist. Dann könne ich alles ja nachträglich ins Pausentagebuch übertragen, damit von all dem Erlebten auch nichts verloren ginge. Das gefiel mir.

Ich erinnere mich, wie der Barista danach endlich den ersten Espresso zapfte, ihn aber zu meiner Verwunderung gleich wieder in den Ausguss schüttete. Anschließend brühte er den zweiten, probierte ihn und schüttete auch den in den Ausguss. Ich beobachtete ihn dabei etwas ungehalten. Nach einer Weile wandelte sich meine Ungeduld jedoch immer mehr in stille Vorfreude. Denn mit dem Beobachten kam in mir langsam die Idee hoch, mehr aus diesem Pausentagebuch zu machen. Wollte ich nicht schon immer wieder mal ein richtiges Buch schreiben? Ein Buch mit Gedichten, Zeichnungen, ein paar klugen Sprüchen und mit allem, was mir wichtig scheint? Ein Buch zum Nachdenken und zum Verweilen eben. Vielleicht ist das heute die Geburtsstunde dieses Buches. Verweilen? Mit dem Abstand meines abendlichen Schreibens bekommt dieses Wort für mich einen neuen Glanz und eine Kraft mit einer unbekannten Tiefe. Auch mein Erinnern braucht Unterbrechungen, ein Innehalten, ein Verweilen, damit eine neue Sicht und eine neue Einsicht möglich werden können. Nur dann sind neue Antworten auf alte Sinnfragen möglich, die zu neuen Lebenseinstellungen führen. „Im Verweilen findet uns das Glück." Oh ja, das kenne ich vom Dichten, Schreiben und Malen. Jetzt, da ich daran denke, mir einen alten Traum zu erfüllen, spüre ich, wie allein bei diesem Gedanken schon das Glück in mir aufsteigt. Ich stelle mir vor, wie dieses Buch fertig vor mir liegt und sehe mein glückliches Gesicht. Solche vom Glück erfüllten Gesichter suche ich bei den Erfolgreichen, deren Fotos ich Tag für Tag im Fernsehen und in den Illustrierten sehen kann, vergeblich. Darüber sprach ich heute auch mit dem Barista.

„Vielleicht will ich gar nicht erfolgreich werden, sondern lieber malen, schreiben und dichten. Unter Erwartungsdruck schwindet bei mir die Freude am Erfolg. Aber Freude ist für mich und meine Gesundheit wichtig. Viel wichtiger als Geld und Geltung."

Ich weiß noch, wie der alte Mann mich anlachte. Sein Gesicht bekam eine gewisse Ähnlichkeit mit dem Mond, der sich weit hinten am blauen, wolkenlosen Himmel auf seinen Untergang vorbereitete.

„Bei meiner Seele, es ist so, wie Sie sagen, lieber Freund! Wer will schon freiwillig einen derart hohen Preis für seinen Erfolg zahlen? Auch ich nicht. Das Leben auch nicht. Warum zahlen wir ihn trotzdem? Weil wir zwar oft eine genaue Vorstellung davon haben, was wir erreichen wollen, aber von dem WIE haben wir meist keine Ahnung. Es gibt mindestens so viele unglückliche Schriftsteller wie Manager. Und es gibt unter den Künstlern genauso viele, die ihre Seele an den Erfolg verkauften, wie in anderen Branchen. Das gehört zu unserem menschlichen Schicksal. Wir verlieren uns, um uns wieder finden zu können. Dieses Spiel nennen wir Erwachsenwerden. Wirklich erwachsen sind wir aber erst, wenn wir wieder spielen können. Spiel' mit deinen Möglichkeiten, probier' aus, was dir Freude macht, nimm' das Scheitern in Kauf. Scheitern gehört zum Leben. Sammle Erfahrungen wie Samenkörner ein. Sammeln ist mindestens so wichtig wie das Zerstreuen. Und lass' in den Pausen dein Gehirn diese Erfahrungen verarbeiten. Nur so lernst du! Ich selbst brauche meine Espressopausen nicht nur zum Lernen, sondern auch, um wieder zur Ruhe zu kommen und um meine Kräfte wieder einzusammeln, sonst geht es mir wie einem Schäfer, der vergisst, seine Schäfchen zwischendurch wieder einzusammeln. Molto importante, mein Freund, und es ist zugleich mein erstes Geheimnis, das ich dir anvertraue, das Geheimnis des heiligen Grals! Pausen sind zum Sammeln da, nicht zum Zerstreuen!"

Der alte Mann wirkte sehr ernst, fast streng, als er mir sein erstes Geheimnis verriet, mir, einem Fremden. Oder war ich ihm gar nicht mehr so fremd? Während ich immer noch auf meinen Espresso wartete, begannen unter meinen Füßen die Kätzchen wieder zu spielen. Die Katzenmutter schaute ihren Jungen in aller Ruhe zu. Ich stellte mir vor, wie das Spiel dieser Kätzchen wohl aussähe, wenn es darum ginge, wer das bessere Kätzchen sei. Meine Vorstellungskraft streikte. Stattdessen fragte ich weiter:

„Ich habe Sie noch gar nicht nach Ihrem Namen gefragt. Wie darf ich Sie nennen?"

Der Barista sah mich lange an. Seine Augen suchten den Kontakt zu meinen Augen, verweilten in unserem Blick und wanderten nach innen, dorthin, wo ich seine Antwort fühlte. Mir wurde angenehm warm ums Herz, und in dieser Tiefe berührte mich seine dunkle, fröhliche Stimme.

„Wie darfst du mich nennen, mein Freund? Auch wenn Giovanni mein richtiger Name ist, hier im Ort nennen mich alle nur den Barista oder Giovanni Barista. Die Fremden nennen mich, je nachdem, woher sie kommen, mal Capo, mal Maestro oder einfach Patrone. Du wirst allerdings bald feststellen:

Für viele hier im Ort bin ich mehr als ein ganz normaler Barbesitzer."

Mehr als ein ganz normaler Barbesitzer? Genau! Das ist er wirklich. Dieser Barista weiß viel, viel mehr als ein normaler Barbesitzer! Ich bin seit unserem Gespräch überzeugt, dass er auch eine Antwort auf eine meiner dringendsten Fragen weiß: Wie werde ich erfolgreich und zugleich glücklich?

Mittlerweile bin ich zudem fest davon überzeugt, dass dieses „Wie" immer mit den kleinen Pausen zu tun hat.

Irgendwie erinnert mich der Barista spätestens seit diesem ersten Vormittag an die Zauberer aus Märchenfilmen. Die guten unter ihnen helfen den Menschen, die unter einem bösen Zauber leiden, wieder davon befreit zu werden. Heute Morgen fiel mir dazu eine Geschichte aus meiner Jugend ein. Da stellt ein junger, trauriger Mann, der darunter leidet, nicht mehr lachen zu können, einem Weisen, der von den anderen als ein Heiliger beschrieben wird, genau meine Frage nach dem „Wie". Der weise Mann antwortet: „Du willst wissen, wie du wieder glücklich werden kannst? Dann solltest du erst erkennen, was dich unglücklich gemacht hat. Du glaubst, wie so viele andere Menschen, dass du dem Leben etwas schuldig bist. Du glaubst sogar, etwas Besonderes sein zu müssen. Das haben dir die eingeredet, von denen du geliebt werden möchtest. Deshalb arbeitest du pausenlos daran, erfolgreicher als andere zu sein. Wie will eine Tulpe erfolgreicher sein als eine Nelke? Wenn alles unvergleichbar anders ist und einmalig schön, wenn die Natur kein Maß dafür kennt, ob etwas nützlicher ist als das andere, wem steht es dann zu, zu vergleichen? Was also hat dich unglücklich gemacht? Das pausenlose Vergleichen. Und wie wird dein Leben wieder glücklich? Wenn du mit dem unsinnigen Vergleichszwang aufhörst! Dein Leben ist ein bedingungsloses Geschenk der Liebe, wie jedes Leben. Also lebe es so, wie es ist!"

Warum ist mir diese Geschichte gerade heute Morgen eingefallen? Die Frage lässt mich innehalten, lenkt meinen Blick nach innen, dorthin, wo die Stille noch heilig ist. In diesem tiefsten Inneren bin ich mir seit diesem Morgen vielleicht schon klar, dass der alte Barista auch ein Heiliger ist oder wenigstens ein weiser Ratgeber. Und nicht nur für mich. Er ist es, so fühle ich, für viele Menschen in diesem Ort und darüber hinaus. Heiliger oder Zauberer, das ist mir egal. Viel wichtiger ist mir seitdem die innere Stimme, die mir immer wieder zuredet, wirklich alles aufzuschreiben, weil ich von diesem Barista vielleicht schon jetzt Antworten auf zukünftige Fragen bekomme. Der einzige tiefere Sinn dieses schicksalhaften Aufenthalts ist, sagt mir meine innere Stimme immer wieder neu, all das aufzuschreiben, was hier geschieht, damit es mir helfen kann, wenn ich es später einmal brauchen sollte. Das gefällt mir gut.

Pausenfragen

Wo ist der, der ich mal war?
Wo ist der, der alles wusste?
Wo ist der, der in der Bar
all das tat, was er nicht musste?

Wo ist der, der fliegen wollte?
Wo ist der, der sich viel traute?
Wo ist der, der immer sollte,
und lieber in die Freiheit schaute?

Wann werd' ich wieder neu geboren
als der, der ich im Tiefsten bin?
Bin ich denn schon ganz verloren
oder find' ich zu mir hin?

Der Barista merkte während unseres Gesprächs wohl, wie meine inneren Antworten im stillen, weiten inneren Raum gemeinsam mit neuen Fragen tanzten und erlöste die Stille.

„Ja, es ist schon so: Für viele Leute im Ort bin ich wirklich mehr als ein normaler Barista. Sie kommen nicht nur wegen meines Espressos, sie kommen auch, weil Sie auf eine Antwort hoffen." Während er das sagte, kam er hinter seiner Theke hervor, ging zur Tür, öffnete sie und ließ die volle Morgensonne in die Bar. Die Bar wurde mit diesem Augenblick für ihn zur Bühne und das Licht der Morgensonne zum Scheinwerfer für ein Theaterspiel, das er nur für mich aufführte. Der Barista stellte sich vor mich und schlüpfte wie ein Schauspieler in immer neue Rollen. Jede Rolle stand für einen seiner Gäste, die mit einer lebenswichtigen Frage zu ihm kamen:

„Maestro, meine Frau liebt einen anderen. Was soll ich tun?", begann der Schauspieler Barista, den ersten Gast zu imitieren, um gleich darauf einen Schritt zurückzutreten und wieder als Barista zu antworten:

„Mach erst mal eine Espressopause, damit du die richtige Antwort findest, Salvatore."

Das Spiel ging sofort weiter. Der Barista schlüpfte in die Rolle eines anderen Gastes: „Patrone, ich habe meinen Job verloren. Wie soll ich ohne Arbeit weiterleben?"

Und die Antwort kam in gleicher Weise: „Komm, trink erst einen Espresso auf meine Kosten, lieber Giuseppe."

Und weiter ging das Rollenspiel: „Capo, heute wartet das Geschäft meines Lebens auf mich! Das wird mein ganzes Leben verändern." Der Schauspieler Barista hüpfte vor Freude auf der Stelle, um kurz darauf wieder ganz der weise Barista zu sein.

„Ja, ich weiß, Francesca. Deshalb gönn' dir vorher noch eine Espressopause!" Immer schneller wurde der Rollentausch:

„Diese Kinder! Ich halte das nicht mehr aus. Sie machen, was sie wollen. Keiner denkt an mich!"

„Das geht schon lange so, Caterina, weil du immer deine Espressopausen vergisst!"

Giovanni Barista unterbrach kurz seine morgendliche Theateraufführung, blieb mit bedeutungsvoller Mine vor mir stehen, um dann sein Spiel des Lebens noch gestenreicher weiterzuspielen. Er stellte sich in die Mitte seiner Bar, dorthin, wo der Lichtstrahl goldglänzend auf den Boden fiel, deutete mit dem Zeigefinger auf mich und ahmte mich nach:

„Barista, wie kann ich das große Geheimnis der kleinen Pausen finden?" Plötzlich die Stille. Der Barista schloss die Augen, hob beide Hände, wie ein betender Priester, atmete tief und fest ein und flüsterte: „Das große Geheimnis der kleinen Pausen ist schon hier, du erkennst es nur nicht. Schau, wie die Menschen stehen, verspannt und in Habachtstellung, ein paar Sekunden verschenkte Pause. Schau', wie jemand atmet, pausenlos ein und aus, ein und aus. Dazwischen viele verschenkte Pausen. Schau', wie sie ihren Espresso trinken: redend, telefonierend, hastig. Vergeudete Gelegenheiten für viele kleine Pausen. Dabei wären gerade diese kleinen Pausen so wichtig, um wieder Regisseur seines eigenen Lebens zu werden. Regisseur seines eigenen Lebens wird aber nur der, der mit Geheimnissen leben kann."

Ich stutzte: „Regisseur?"

„Ja, Regisseur. Jeder von uns hat einen großen Traum, den er in seinem Leben verwirklichen will. Und jetzt sind wir schon beim ersten Geheimnis: Das ganze Theater, das wir uns und den Menschen um uns herum vorspielen, dient nur dazu, diesen Lebenstraum zu finden und zu verwirklichen. Unser gesamtes Herzblut soll in die Verwirklichung dieses Lebenstraums fließen. Dieser große Traum ist für viele der heilige Gral aus der Parzival-Geschichte. Für andere ist er der verlorene Schatz oder die goldene Kugel, nach der wir ein Leben lang suchen. Unser innerer Regisseur sehnt sich danach, diese Suche auch zu einem guten Ende zu bringen." Der Barista tat sehr geheimnisvoll. „Wie glückt so ein Suchspiel?", wollte ich wissen. „Das glückt nur, wenn alle Teile unserer Persönlichkeit mitspielen dürfen. Jeder Teil zu seiner Zeit und seiner Bedeutung entsprechend." Ich begann etwas zu ahnen, aber dies alles zu verstehen, das fiel mir noch schwer. Der Barista schien Gedanken lesen zu können. „Um dies zu verstehen, brauchen wir die kleinen Pausen.", sagte er. Dann fuhr er fort: „Ja, wir sind mehr, viel mehr als der Teil unserer Persönlichkeit, den wir augenblicklich leben. Der Mann, der sich aus Angst, seinen Job zu verlieren, in der Firma aufopfert, zeigt sich bei seiner Frau vielleicht als Tyrann, für seine Kinder ist er ein treusorgender Vater und in der Bar spielt er den erfolgreichen Boss. Wir alle zeigen meist nur einen Teil unserer gesamten Persönlichkeit. Andere Teile zeigen oder leben wir nicht oder noch nicht. Das ist so lange kein Problem, wie wir uns dessen bewusst sind, weil wir immer wieder kleine Pausen machen, in denen wir unser eigenes Spiel durchschauen. Vergessen wir die kleinen Pausen, dann geht es uns wie manchen Schauspielern, die so in ihrer Rolle aufgehen, dass sie sie sogar mit ihrem richtigen Leben verwechseln. Dann fühlen sie sich als Schuft, obwohl sie eigentlich nur eine von vielen möglichen Rollen spielen. Also fühl' dich immer wieder als Regisseur deines Theaterstücks, in dem jeder deiner Persönlichkeitsanteile mitspielen darf. Nutze jede Gelegenheit für kleine Pausen: Das Warten an der Bushaltestelle oder am Bankschalter, die Fahrt im Aufzug. Nutze die kleinen Pausen, um auch die Spiele anderer zu durchschauen."

Dann deutete er mit dem Zeigefinger mahnend in meine Richtung und begann, wie ein Schauspieler laut und deutlich zu mir zu sprechen:

„Für den jungen Mann, der mir gerade gegenüber steht, heißt das: Ich nutze die kleinen Pausen, um mir bewusst zu machen, dass nur ich der Regisseur meiner unterschiedlichen Sehnsuchtsanteile bin, die wie Schauspieler auf meiner Lebensbühne erscheinen, um zur rechten Zeit ihren Part zu spielen. Dann treten sie wieder in den Hintergrund. Für mich, den Regisseur, sind alle Schauspieler gleich wichtig. Auch die scheinbaren Nebenrollen. Ohne sie wäre das Theaterstück, das meinen Namen trägt, nicht vollständig. Und wer weiß schon, was aus einer solchen Nebenrolle noch werden kann. Deshalb darf jeder aus meiner inneren Schauspieltruppe seine Rolle spielen: Das Kind, der Urlauber, der Ärgerliche, der Neugierige, der Tagebuchschreiber, der Dichter, der Scrittore, der Maler, vielleicht auch der Liebhaber, der Streber, der Lebenskünstler, der weise Ratgeber und natürlich auch die Schauspieler, die ich noch gar nicht kenne! Wenn alle so zusammenspielen, wird es eine gute Aufführung." Der Barista hielt kurz inne, um dann mit leiser Stimme fortzufahren. „Du, der Regisseur deines Lebens, sorgst dafür, dass sich kein Schauspieler auf Kosten anderer in den Vordergrund spielt. Und in den kleinen Pausen zwischendurch fragst du dich immer wieder, ob sich nicht ein anderer unbemerkt zum Regisseur deines Lebens gemacht hat oder ob du ein fremdes Theaterstück spielst. So wird aus deinem Pausentagebuch vielleicht dein Lebensbuch, vielleicht sogar dein Drehbuch für ein erfolgreiches und glückliches Leben, in dem sich alle deine Schauspieler wiederfinden, auch dein Scrittore, der über Sonne, Sand und Meer und was auch immer schreiben will. Für dich wird der Zwangsaufenthalt in Baristaland auf diese Weise zu einem Kapitel in deinem Lebensbuch, das sonst nie geschrieben würde: das Kapitel über Giovannis Espressobar, dem Ort, an dem ein großes Geheimnis wohnt: das Geheimnis der kleinen Pausen. Ein Kapitel in deinem Lebensbuch, das auch anderen Menschen Hoffnung bringt, denn kleine Pausen kann sich jeder leisten. Sabbatjahre können sich nur wenige Menschen erlauben. Aber räume zuerst mit einem Missverständnis auf. Denn Pause ist nicht gleich Pause. Und denk' daran: Das Geheimnis der Pausen findest du überall. Du erkennst es nur nicht. Echte Pausen, und das ist „molto importante", sehr wichtig, sind Zeiten, in denen wir unsere verstreuten Kräfte wieder einsammeln. Kräfte, die wir für die Liebe und das Leben brauchen, so wie einen guten Espresso. Genieße ihn!"

Dabei stellte er den lange ersehnten Espresso vorsichtig, ja fast andächtig bei mir ab.

Während ich den Espresso mit dieser inneren Achtsamkeit Schluck für Schluck genoss, sah mir der Barista lange in die Augen und fuhr fort: „Es soll Leute geben, die wollen nicht mehr von anderen abhängig sein. In der Abhängigkeit fühlen sie sich kraftlos und ausgebrannt, wie der Hamster im Rad. Wer selbst bestimmen will, wofür er seine Kraft hergibt, der sollte auch wissen, wie er wieder zu Kräften kommt. Egal wo du bist, egal, ob du sitzt oder stehst, spüre deine Fußsohlen. Lass durch sie frische Kraft aus der Erde in dich hineinfließen und verbrauchte Energie wieder mit dem Atem heraus. Wenn du das kannst, dann lerne, auf eigenen Beinen zu stehen, aber dafür braucht es eine extra Espressopause."

Der Barista hielt noch einmal inne. Es sah aus, als würde er sich auf eine kleine Pausenübung vorbereiten. Dann atmete er lange und hörbar aus und wedelte mit dem Zeigefinger wie ein mahnender Richter.

„Erinnere dich an meine Worte von vorhin: Wäre ich ein Schäfer, müsste ich jeden Abend meine Schäfchen einsammeln. Da dürfte keines verloren gehen. So ist es auch mit unserer Kraft. Wir können es uns nicht leisten, unsere Kraft zu verlieren. Wir brauchen sie, sonst werden wir krank."

Mit diesen Worten verzog er sein Gesicht so, dass er schwer krank und leidend aussah. Ich konnte nicht anders, als herzhaft über seine Grimasse zu lachen. Der Barista bemerkte es und lachte mit: „Auch das Lachen gehört zur Pause. Das entspannt die Gesichtsmuskeln."

Fast wäre seine Erklärung in seinem Lachen untergegangen. Dann kam wieder Stille auf. Ich genoss diese stille kleine Pause für eine Zeit zum Nachschwingen und Nachdenken. In dieser kleinen Pause tanzte leise ein Danke mit.

Am heutigen Vormittag habe ich so viel über Pausen erfahren, dass ich den Scrittore in mir gleich einlud, schnellstens mit einem Pausentagebuch zu beginnen. Er soll dafür sorgen, dass viel mehr daraus wird als ein ganz normales Tagebuch. Vielleicht wird dieses Pausentagebuch ja wirklich ein wichtiges Kapitel in meinem Buch des Lebens. Ein wichtiges Kapitel, aber auch nicht mehr.

Auch in der nächtlichen Rückschau auf diesen Tag wundert es mich noch, wie schnell der Scrittore mit dem Schreiben begonnen hat. Neben ihm steht schon der Dichter bereit und dahinter der Zeichner. Ich fühle mich wie mein eigener Regisseur, der seinen inneren Schauspielern sehr viel Freiheit gibt. Seit heute Morgen hat der Aufenthalt hier einen anderen Sinn. Ich spüre, was es heißt, der Regisseur seines Lebens zu sein und fühle mich mit all meinen inneren Sehnsüchten eng verbunden. Und der Scrittore in mir schreibt und staunt, wie sich aus all dem Erlebten im Schreiben die erste Barista-Weisheit formt: Pausen sind Unterbrechungen, die es mir möglich machen, die Keller-kinder meiner Sehnsucht wie verlorene Schafe einzusammeln. Mit ihnen kommen auch die verlorenen Kräfte zurück, die ich durch Ärger, Zorn und Wut unnötig vergeudet habe. Zum Vergeuden sind mir meine Energien ab jetzt zu schade.

Die erste Barista-Weisheit
Pausen sind zum Sammeln da, nicht zum Zerstreuen.

Meine zweite Espressopause
führt mich zum Geheimnis der Sonne

Mein zweiter Tag beim Barista begann mit dem Staunen. Ich weiß jetzt, wie richtiges Stehen unser Leben verändern kann und wie aus dem Stehen ein Standpunkt wird. Wann ist ein Mensch weise? Vielleicht dann, wenn er Geheimnisse ertragen kann. Manche davon verstecken sich hinter Symbolen. Solche Symbole sind seit alters Sonne und Mond. Symbole und Geheimnisse haben eines gemeinsam: Sie sind nie ganz fassbar und erst recht nicht ergründbar. Der Barista wird für mich auch immer mehr zu einem Symbol für so eine Weisheit.

Ich sitze unter dem Abendhimmel, betrachte wohlwollend meine Skizzen vom Nachmittag und folge dann dem Lauf des silbrig glänzenden Mondes. Ich bin mir gar nicht mehr sicher, ob das, was ich da gerade geschrieben habe, wirklich aus mir kommt oder aus einer mir fremden Welt. Dabei beobachte ich, wie sich das Mondlicht tanzend im Meer spiegelt. Ich denke an die Bar „la pausa", die mir gestern noch fremd war und so weit weg. Es ist ein Geschenk des Schicksals, bewusst erleben zu dürfen, wie die Fremde mehr und mehr zu einer Heimat wird: Das Kommen und Gehen der Gäste, das Schwatzen und Lachen immer neuer Menschen, dazwischen die ruhige Stimme des Barista und alles aufgehoben im betörenden Duft von frisch gebrühten Espressi. All das wirkt heute am zweiten Tag schon so vertraut, als gehörte es schon immer zu mir. Und doch ist der Abstand groß genug für mein ungestörtes Beobachten und Notieren. Ich versuche an diesem heutigen zweiten Abend zuerst, die Erinnerungen des Tages zu sortieren und staune, wie viele Geschenke ich seit dem frühen Morgen schon bekam. In diesem Staunen kommt mein Schreiben langsam in Fluss. Der Scrittore in mir beginnt zu leben.

„Platz!" Der Befehl des Mannes, der am frühen Morgen als erster Gast in die Bar kam, war knapp und wirkte. Der Hund legte sich sofort vor die Tür.

„Buon giorno, Giovanni!", grüßte der Gast den Barista und bezog mich in seinen Gruß gleich mit ein: „Buon giorno, Signore! Welch ein wunderbarer Morgen! Die richtige Zeit für eine Espressopause."

Der Barista schien sich über den Besuch zu freuen und grüßte gestenreich zurück. „Buon giorno, Arnoldo. Gerade versuche ich, diesem jungen Artista den großen Wert selbst kleiner Pausen zu erklären."

Arnoldo antwortete lachend und deutete vor die Tür: „Meinem Hund brauchst du das nicht zu erklären, der macht seine Pausen auf Kommando, wie er alles auf Befehl macht, wenn ich den richtigen Ton wähle. Bei einer Katze ist das schon fast unmöglich, aber bei Menschen meist ein tragisches Unterfangen. Die tun so, als würden sie Pausen machen und arbeiten trotzdem. Vielleicht müssten sie in die Hundeschule gehen oder zu dir. Denn du bist einer der wenigen, die um das Geheimnis der echten kleinen Pausen wissen." Zu mir gewandt, fuhr er fort: „Und zu dieser Kunst, junger Mann, kann ich mittlerweile auch etwas beitragen. Zum Beispiel das heilsame Stehen."

Mit diesen Worten versank Arnoldo stehend für kurze Zeit in eine Stille, die mich ahnen ließ, was es heißt, ganz in seiner Pause angekommen zu sein. Erst dann wandte er sich wieder dem Barista zu.

„Diese Übung war für mich der Beginn meiner eigenen heilsamen Espresso-Strategie."

Der Barista hakte ein: „War es nicht. Es ging zuerst darum, den Unterschied von Sonne und Mond zu entdecken."

Arnoldo unterbrach ihn lachend: „Oder den Unterschied von Hund und Katze."

Dann fuhr der Barista fort: „Aber erst, nachdem du richtig stehen konntest, hast du verstanden, was ich meine!"

Dann begann der Barista zu demonstrieren, wie unterschiedlich Menschen stehen können: Mal war der Po zusammengepresst und die Füße zeigten nach außen. Mal waren die Knie fest durchgedrückt, mal stand ein Fuß anders als der andere, mal standen die Füße ganz dicht beieinander, mal verharrte der ganze Körper in Habachtstellung, dann wieder sah der Barista wie ein Befehlsempfänger aus und zum Schluss wie ein Siegerdenkmal. Schließlich stellte sich der alte Mann nach einem kurzen bewussten Ausatmen so hin, dass ich überzeugt war, niemand und nichts könnte ihn umwerfen. Alle Kraft sammelte sich im Unterbauch und strahlte von diesem Punkt aus wie eine Sonne nach außen. Ich kam mir vor wie der von diesem Licht beschienene Mond. So spielte er sein Stehspiel, und ich machte mit, so gut ich es in diesem Moment konnte. Sogar die Kätzchen gingen ganz in ihrem Spiel auf. Arnoldo deutete auf die Kleinen und sagte:

„Stell dir vor, Giovanni Barista, die Katzenmutter würde von diesen kleinen Kätzchen erwarten, jeden Tag eine Maus mehr zu bringen als am Vortag. Dann bist du bei meinem Leid, das ich erlöste, als ich durch dich lernte, zu mir zu stehen."

„Manche wollen aus einer Katze einen Hund machen und sie an die Leine nehmen", entgegnete der Barista.

Arnoldo schaute auf seinen Hund und dann auf die Katze und nickte eifrig: „Genauso schlimm."

Ich versuchte, das alles zu verstehen und erfuhr auf Nachfrage, dass Arnoldo leidenschaftlicher Sportler war. Deshalb machte er irgendwann den Sport zum Beruf. Er holte Sieg um Sieg, wurde immer erfolgreicher und gleichzeitig immer unzufriedener, bis er es mit einem Gegner zu tun bekam, der immer mächtiger wurde: Dieser Gegner war er selbst. Er musste sich mit jedem Sieg selbst übertreffen. Aus solchen Stoffen schreibt man Tragödien und keine Lustspiele. Für den leidenschaftlichen Sportler Arnoldo gab es immer weniger Spielraum, bis seine Seele streikte. Dann traf er Giovanni Barista, der ihn lehrte, wieder zu sich und seinen eigenen Bedürfnissen zu stehen. Arnoldo fasste zusammen, was er damals begriffen hatte: „Dein Leben ist ein Geschenk der Liebe, du brauchst keine Gegenleistung dafür zu bringen." Weil der Barista Arnoldos Geschichte kannte, war er ganz im Espressobrauen aufgegangen. Sein Körper vibrierte dabei wie eine wertvolle alte Geige, die es gewohnt ist, Räume in Klangräume zu verwandeln.

In diese unhörbare Klangfülle tönte seine sanft melodische Stimme: „Heute, mein lieber Arnoldo, meint es das Leben wieder einmal besonders gut mit uns. Das Wetter ist für den Espresso wie eine Offenbarung. Schau doch, die Crema! Schau nur, Arnoldo, diese Crema! Was schenkt uns das Wetter heute für eine Crema und auch dir, meine Liebste, meine „Macchina del caffè", sei Dank! Du bist heute eine Zauberin!"

Nach diesen Worten streichelte er über die Armaturen. Das war die Pause, die Arnoldo nutzte, um einzuhaken:

„Es ist nicht nur der rechte Zeitpunkt, der deinen Espresso so einmalig macht, es ist nicht nur die Mischung, die Maschine, die Mühle, auch nicht das Wasser, wie so viele behaupten. Nein, es ist mehr! Selbst nach so vielen Jahren, in denen wir uns, caro Giovanni, immer wieder aufs Neue dem Geheimnis eines guten Espresso zu nähern versuchen, müssen wir uns eingestehen, dass wir nicht mehr wissen, als es uns das Geheimnis erlaubt."

Der Barista freute sich sichtlich über Arnoldos Worte und ergänzte sie: „Weil nicht alles kontrollierbar und planbar ist, sondern auch Gnade. Wir können von einem Barista erwarten, dass er eine gute Crema zaubert, aber es liegt nicht nur in seiner Hand. Das ist die Ohnmacht, mit der wir bei jeder Erwartung umgehen lernen müssen."

Und wieder war der Ball bei Arnoldo: „Es liegt alles am Barista, aber es liegt nicht alles in seiner Hand."

Der Barista nickte heftig zustimmend: „Wo die Sprache nicht ausreicht, da brauchen wir Symbole. Eine Tasse Espresso ist für mich mehr als für viele Menschen, sie ist ein Symbol. Ein Symbol, hinter dem sich etwas versteckt, das nicht für alle Menschen bestimmt ist."

Dann wandte sich der Barista mir zu: „Aber dir, mein junger Freund, verrate ich mein zweites großes Geheimnis. Es ist das Geheimnis der Sonne. Es soll

Leute geben, die wollen nicht von anderen abhängig sein, so wie der Mond vom Sonnenlicht. Sie wollen aus sich heraus strahlen und ihren eigenen Weg gehen. Sie machen sich selbstständig und erfüllen ein Leben lang doch nur fremde Erwartungen. Sie glauben, nur weil sie, wie der Mond, bewundert werden, hätten sie es geschafft. Aber was ist der Mond ohne das Sonnenlicht? Was ist ein Mensch, der von der Bewunderung anderer lebt, ohne seine Bewunderer? Wer seinen eigenen Weg gehen will, der muss erst lernen, auf eigenen Beinen zu stehen. Darüber hinaus muss er lernen, mit den Erwartungen anderer spielerisch umzugehen. Daran scheitern die meisten Menschen. Zwischen Zwang und Spiel liegt das Glück."

Als er zum Kern seiner zweiten Weisheit kam, wurde er richtig leidenschaftlich: „Kleine Pausen zwischendurch ermöglichen dir neue Spielräume. Lerne in diesen Spielräumen, deine Sehnsucht wieder zu spüren. Lass dich von deiner größten Sehnsucht zu deiner wahren Größe tragen. Erst dann wirst du tatsächlich erfolgreich werden. Nur so bist du deine eigene Sonne. Nur dann stehst du wirklich zu dir und hast einen eigenen Standpunkt. Wer das Stehen nicht lernt, wird nie zu sich selbst stehen können. Er wird sein Leben nie wirklich leben. Schau nur, wie unser Arnoldo steht, seit er seine eigene Sonne ist und damit sein eigener Herr. Seit er nehmen und geben kann wie der Mond, ist er noch dazu wirklich erfolgreich. Er hat nicht nur Ideen im Kopf, er bringt sie auch ins Leben. Aber er macht sich dabei nicht mehr abhängig vom Ergebnis. Das überlässt er der Fantasie der anderen, weil er weiß, dass nicht alles in seiner Macht steht. Er steht in seinem Leben, und seine Kraft ist dort, wo sie hingehört!" Dabei beugte er sich über die Theke und klopfte Arnoldo sanft auf den Bauch. „In seinem Bäuchlein."

Der Barista sah mit seiner Bauchesfülle gegen Arnoldo wie ein runder, zufriedener Buddha aus.

Arnoldo ergänzte lachend: „Aber es ist auch wichtig, nicht immer nur mit der Fantasie anderer zu spielen. Wir brauchen dazwischen immer wieder kleine Pausen, in denen wir uns erlauben, scheinbar Unmögliches zu träumen.

So werden Pausen zu unseren Spielräumen, in denen wir uns ausprobieren können, ohne etwas leisten zu müssen."

Pausen sind also Spielräume, in denen wir ausprobieren können, ohne etwas leisten zu müssen. Das gefällt dem Lebenskünstler in mir besonders gut.

Die kleinen Kätzchen spielten derweil mit einem Weinkorken „Mäuse fangen". Das inspirierte mich zu einem Kommentar, dem ich den Stellenwert einer Barista-Weisheit gab: „Pausen sind wie kleine Katzen. Sie sind für jede Überraschung gut."

Ich bin mir nicht mehr sicher, aber ich glaube, dass die beiden Weisheits-profis anerkennend nickten.

Dann wollte auch ich lernen, richtig zu stehen, und versuchte es den beiden nachzumachen. Giovanni Barista merkte es sofort und lachte wohlwollend.

„Schaut euch diesen Scrittore an! Er macht alles so, wie man es nicht machen soll! Lass deine Schultern fallen. Lass dich in deine Hüften hinein fallen. Komm bei dir an. Sei ganz bei dir. Ja, so bist du auf der rechten Spur. Denk daran: dein Atem will dich finden, um seine Kraft in diesen wunderbaren Leib – wohl gemerkt, ich meine nicht nur deinen Körper – hineinzulegen."

Je mehr ich meine Schultern fallen ließ, umso leichter fühlten sie sich an. Ich genoss dieses Stehen ein paar Atemzüge lang. Langsam merkten auch die Hüften, dass sie sich entspannen durften, dann lockerte sich mein Rücken. Wärme und Wohlgefühl machten sich breit. Der Nacken wachte aus seiner Verspannung auf und mit der fortschreitenden Entspannung wuchs auch das Wohlgefühl im Oberbauch, in den Armen, im Brustkorb und im Unterkiefer.

„Wow, da kommt Leben rein."

Der Barista nickte zustimmend: „Ja, und das ist erst der Anfang, Scrittore."

Auch Arnoldo sah mir aufmerksam zu.

„Oh, ich habe euch gar nicht bekannt gemacht. Entschuldigt das mit meiner Begeisterung für unsere Espressopause", bemerkte Giovanni.

Dann klärte er Arnoldo über den Zufall, der mich an diesen Ort geführt hatte, auf. Zugleich aber betonte er, dass es überhaupt keine Zufälle gäbe und wir uns immer dort wiederfänden, wo wir am meisten für unser Leben lernen könnten; dass dies aber nicht bedeute, ob und wie wir unsere Lektionen lernen würden. „Das gehört zu unserer Freiheit. Was wir wirklich zu lernen bereit sind, zeigt unsere Lebensgeschichte mit all ihren Wiederholungsschleifen." Er schloss seine Erklärung einmal mehr mit einem ernsten Unterton: „Viele Menschen wählen lieber das bekannte Unglück, statt das unbekannte Glück zu wagen." Diesen Satz schrieb ich sofort auf mein Notizblatt, um ihn nicht zu vergessen. Das sah der Barista und sagte zu Arnoldo: „Ich glaube, er ist der geborene Scrittore und weiß es nur noch nicht. Seit seiner Ankunft sehe ich, wie er alles sofort auf seine Blätter schreibt. Er will das so lange machen, bis er sein heiß ersehntes Buch bekommt. Dann will er die ganze Arbeit wiederholen und alles in sein Pausenbuch übertragen. Ist dieser Scrittore nicht verrückt? Er heißt übrigens so wie ich, Giovanni."

„Quasi", korrigierte ich. „Ich heiße Hans, aber übersetzt bedeutet das tatsächlich Giovanni."

„Giovanni due oder Giovanni der Zweite", scherzte Arnoldo.
„Wenn schon Giovanni, dann Giovanni Scrittore!", korrigierte der Barista.

„Ach, nennen wir ihn einfach Scrittore, sonst verwechseln ihn die Damen des Ortes mit mir, und er bekommt die schönsten Frauen."

„Oder umgekehrt, Giovanni Barista."
Die beiden kamen ins Reden, und ich spürte erstmals Lust auf eine kleine Pause. Ich stand da, mitten im Raum und doch ganz allein, ganz bewusst für mich allein. Ich schloss die Augen und ließ die Ruhe in mir wachsen. Dabei kamen Gedanken hoch und flogen vorbei. Einige drehten ihre Kreise wie die Möwen draußen. Leer werden, ausatmen, in mich horchen, schauen. Oder einfach richtig stehen lernen, um selbstständig zu werden. Ich sah Fragen an mir vorbeiziehen wie Wolken. Ich spürte, wie durch die Fußsohlen ganz feine Wurzeln wuchsen und hörte eine Stille von irgendwoher kommen. Ich spürte

ein neues „Ich-bin-ich"-Gefühl. Ich wurde leichter und öffnete mich in eine neue Achtsamkeit.

Stille ist die Sprache der Pausen. „Wie viel Stille in einer kleinen Pause möglich ist", staunte der Lebenskünstler in mir. Wie leicht es ihm fiel, vor dem inneren Auge Gedankenbilder auftauchen zu lassen: Bilder von einem Häuschen an einem kleinen Hafen am großen weiten Meer. Meinem Häuschen! Darüber Sprechblasen. Leere Sprechblasen, sonst nichts. Ich stand da und hielt die Augen weiter geschlossen. Neugierig, welche Gedankenbilder noch aufsteigen würden. Ich begann in diese Zeitlosigkeit hineinzuträumen, träumte von einem Buch, in dem all das zu finden war, was ich in diesen Tagen zeichnete, dichtete und schrieb. Vor allem würden in diesem Buch die vielen Erlebnisse, Weisheiten und Pausengeschichten stehen, die Menschen zufrieden und glücklich werden lassen. Vielleicht kämen sogar ein paar Liebesgeschichten dazu, wünschte ich mir.

„Hey Scrittore, schreibst du schon wieder in Gedanken dein Buch?", unterbrach der Barista meine Pause. „Oder grübelst du nur? Grübeln zerstört die Erde, auf der deine Erfolge wachsen sollen."

Das war der Startschuss für Arnoldo: „Grübler erinnern mich an den Mann im Mond. Viele meiner Kunden sind auch solche Grübler. Die sichtbare Seite ist ein oberflächliches Strahlen, und die dunkle Seite geht niemanden etwas an. Der Titel eines Generaldirektors, die Macht, die Anerkennung der Menschen – alles hängt von der Gnade ferner Sponsoren oder Investoren ab, die jederzeit entscheiden können, wann sie dir das Licht abdrehen. Dann bist du unsichtbar wie der Neumond. Wer bist du, wenn die Banken nicht mehr mitspielen oder die Firmenpolitik sich gegen dich entscheidet? Das sind die Grübelfragen, die zu schlaflosen Nächten passen. Ich kenne das aus eigener Erfahrung und durch die Gespräche mit meinen erfolgreichen Kunden. Aber Gott sei Dank gibt es für solche Fälle ja unseren lieben Giovanni. Er verordnet den Menschen Espressopausen. Mit seiner Espresso-Strategie zeigte er uns allen den Weg zur Sonne in uns. Giovanni ist wahrscheinlich der erste Espresso-Schamane."

Der Barista lachte.

„Ja, es ist schon so", fuhr Arnoldo fort, „wie andere ihren Patienten bittere Pillen verordnen, so verordnet unser Espresso-Schamane seinen Gästen Espressopausen. Je nach Mensch und dessen Krise mal fünf, mal zehn, in hartnäckigen Fällen auch mehr. Und weil der gute Barista seine Schäfchen kennt, gibt er ihnen noch eine kleine Pausenaufgabe dazu. Weißt du noch, welche Aufgabe du unserem Bürgermeister mitgegeben hast?"

Der Barista schüttelte den Kopf.

„Er sollte lernen, wieder das Gras unter seinen Füßen zu spüren und bei den nächsten zehn Espressopausen barfuss zu dir kommen. Weil er Angst hatte, in irgendeinen rostigen Nagel zu treten, lief er ganz vorsichtig. Daraus wurde seine neue Lebenskultur. Entschleunigung nennt man das heute. Kürzlich sagte er mir, je langsamer er lief, umso mehr hatte er vom Leben. Irgendwann lief er so langsam, dass er reif für seine nächste Aufgabe war. Langsamer sprechen und dann langsamer atmen. Heute ist er Minister. Oder unser Dottore", Arnoldo schüttelte mitten im Erzählen lachend den Kopf. ‚Ich darf nur noch rückwärtsgehend in die Bar kommen. Der ist verrückt‘, sagte er damals zu mir. Aber bald fragte er sich: ‚Welch ein Leben war das vorher? Es war kein Leben, höchstens ein Überleben. Von irgendeinem Strippenzieher gelebt.' Jetzt lebt er wirklich und ist gleichzeitig erfolgreicher denn je. Wenn das keine Heilkunst ist."

Der Scrittore in mir brauchte eine kleine Pause. Ich wollte ein paar Schritte vor das Haus gehen, die Meeresluft einatmen und noch einmal das Stehen üben, tief verwurzelt und mich selbst spürend. Draußen, gleich neben der Tür, befand sich ein Blumenbeet, darin ein paar bunte Rosen. Direkt an der Wand versuchten die Kletterrosen, die ihre besten Jahre wohl hinter sich hatten, hochzuranken. Davor großblütige, glutrote, langstielige Rosen und ganz hinten, kaum zu sehen, ein frisch eingepflanztes Margeritenstöckchen. Armselig sah es gegen die Farbenpracht der Rosen aus. Außerdem war es leicht vertrocknet. Meine Blicke blieben an einer der großen Rosenblüten hängen. „Ich bin die Schönste! Ich bin die Schönste", glaubte ich sie rufen zu hören und spürte eine innere Unruhe in mir aufkommen, die ich bisher nicht kannte. Das hatte wohl etwas mit diesem Erfolgsthema zu tun. Ich fragte meine inneren Kellerkinder ab und erkannte, dass die Unruhe vom Lebenskünstler ausging, der seine Kunst in Gefahr sah. Auch der Poet und der Maler in mir fühlten sich bedroht. Ich gönnte ihnen eine lange Pause, bis sie wieder ruhig wurden.

Auch jetzt, beim abendlichen Schreiben, kann ich diese Unruhe wieder in mir spüren, ebenso wie die leichte Anspannung in meinem Bauch. Genauso wie heute Morgen, als Arnoldo von seinem Besuch erzählte. Er erwartete einen deutschen Klienten, der, wie er uns erklärte, um des Erfolges willen zum Pausenverräter wurde. Arnoldo wusste, was diese Menschen brauchten: eine besondere Form der Wertschätzung, die Arnoldo perfekt beherrschte. „Molto importante!", fügte er hinzu und bat gestenreich um strikte Verschwiegenheit. Arnoldo hatte in einer seiner vielen kleinen Espressopausen eine einfache Geschäftsidee entwickelt und sich darauf spezialisiert, erfolgsorientierten Reichen Grundstücke und Häuser zu vermitteln, die andere Menschen neidisch machen sollten. Arnoldo konnte sehr gut davon leben.

Ich ahne, dass er von diesen Kunden auch einen hohen Preis für seine Leistung verlangt. So etwas wie Spielgeld, weil es ja um ein Spiel geht. Ein Neidischmach-Spiel. Ob ihnen etwas gefällt, hängt bei solchen Leuten vom Neidfaktor der anderen ab. Neid ist für sie die in Dornen verpackte Bestätigung, es geschafft zu haben. Ich brauchte heute Morgen lange, um das einigermaßen zu verstehen. Neid verhindert doch Freude, dachte ich bis dato. Sollte es tatsächlich Menschen geben, die sich für den Neid entscheiden?

Dann kam die erste Begegnung mit einem dieser erfolgsorientierten Reichen. Arnoldo wusste von seinem Kunden lediglich, dass er mit Professore angeredet werden wollte, dass Deutsch seine Muttersprache und er Chef eines internationalen Medienkonzerns war, der seinen Sitz in Deutschland hatte. Er kam in die Bar, und auf einmal wurde es kalt. Was war anders an ihm? Die Hose, die Schuhe, das Hemd, alles sah auf den ersten Blick nach ganz normaler Freizeitkleidung aus, und doch roch es aus dem Stoff, aus den Nähten, aus den Knöpfen nach Geld und Geltung. Die Uhr dekorierte auffallend groß den Unterarm. Die Sonnenbrille war mit einem kleinen aber feinen Signet verziert. Alles an dem Mann strahlte eine vornehme Bescheidenheit aus, jedoch perfekt inszeniert.

Wie war der Kopf? Er glich einer Maske. Harte, wie aus Holz geschnitzte Gesichtszüge, ein eingefrorenes Lächeln, die Augen stählern, die Lippen schmal und streng. Die Hände blieben unsichtbar in der Hosentasche. Meine Fantasie fragte mich: Was alles klebt an diesen Händen, dass er sie so verstecken muss? Arnoldo begrüßte den Professore wie einen König. Ich folgte dem Spiel gespannt, als wäre alles eine perfekt inszenierte Theateraufführung.

„So also sehen Menschen aus, die bereit sind, sehr viel Geld zu bezahlen, damit andere neidisch auf sie sind", flüsterte ich dem Barista zu.

Der schwieg. Nach einer Weile sagte er leise: „Wenn du einen Menschen betrachtest, dann bitte mit den Augen eines Gärtners, der unter dem Schnee schon die Frühlingswiese ahnt. Oder mit den Augen des Regisseurs, der für bestimmte Rollen besonders begabte Schauspieler braucht."

Ich hatte verstanden.

„Einen Espresso?", fragte der Barista den erfolgreichen Reichen.

„Zwei Espressi, einen für unseren Signore Professore und einen für mich", antwortete stattdessen Arnoldo.

Der Barista machte sich ans Werk und stellte ein paar Minuten später die zwei Espressi neben dem Porscheschlüssel des Professore ab.

„Jeder große Erfolg beginnt mit einer Espressopause!", versuchte Arnoldo den Kontakt mit dem Klienten langsam zu vertiefen, aber der Schuss ging nach hinten los.

„Das ist exakt das alte Denken. Das neue Denken kommt ohne die geringsten Pausen aus." Wie Peitschenhiebe klangen die Worte des Professore. „Wissen Sie, wie viele Fehlzeiten durch Pausen entstehen? Für den Erfolg nicht förderlich. Ich empfehle, Pausen bestenfalls für konstruktives Beziehungsmanagement zu nutzen."

Arnoldo schwieg.

„Da könnten wir lange drüber diskutieren", mischte ich mich ein.

„Wer ist er?", fragte der Professore schroff, zu Arnoldo gewandt.

„Ein junger Scrittore", antwortete der.

„Oh, ein Schriftsteller sind Sie?" Er zeigte auf einmal etwas Neugier.

„Noch nicht ganz, aber bald. Ich beginne gerade mit einem Pausentagebuch."
Die Augen des Professore sprachen Bände. „Ich mache Ihnen mal eine Vor-
gabe", antwortete er nach einer bewusst inszenierten Kunstpause, in der das
Gewicht seiner Worte immer schwerer wurde. „Schreiben Sie ein Buch mit
einem anderen Titel. Zum Beispiel: ‚Wie Sie am schnellsten erfolgreich werden'. Denn darum geht es ja schließlich im Leben. Schreiben Sie in dieses
Buch, dass jedes Leben seinen Preis hat. Bezahlt wird der immer vom Verlierer!
Deshalb möchten wir alle zu den Gewinnern gehören. Schreiben Sie, wie es
Menschen glücken kann, immer zu den Gewinnern zu gehören. Schreiben Sie,
wie Menschen unter Feinden zu überleben lernen. Vielleicht wird Ihr Buch
dann ein Megabestseller, den es sogar in den kleinsten Buchhandlungen fernst-
er Länder zu kaufen gibt. Dann haben Sie es wirklich geschafft."

Der Professore nutzte meine Verblüffung zu einer dramaturgisch wohl inszenierten Pause: „ Sie wissen, wer ich bin? Der Herr neben Ihnen darf es Ihnen
verraten!"

Arnoldo sprang sofort ein. Er nahm die Visitenkarte und las vor: „Der Professore ist Chef von einem der größten Medienkonzerne der Welt."

Der Professore nickte. „Genau. Und wenn Sie meine Ideen richtig umsetzen,
ist der Erfolg nicht zu verhindern."

Ich wunderte mich, wie einfach sich Erfolg voraussagen ließ und wie schnell
man ein Loser werden konnte. Verlegen schaute ich nach unten zu den Katzen.
Die Mutter hatte für ihre Kleinen soeben eine Maus gefangen. Sie spielten mit
ihr wie mit dem Flaschenkorken. Die Maus entwischte.

Der Barista ging die paar Schritte zu seiner Espressomaschine, atmete ein
paar Mal tief durch und sah mir in die Augen, lange, sehr lange. Es kam mir so

vor, als würde er weiter schauen, als ich es jemals vermochte. Dann sprach er mich so laut an, dass es jeder, auch der Professore, hören musste:

„Oben ins Kloster verirren sich immer wieder Leute für ein Sabbatjahr, weil sie an eigenen oder fremden Forderungen und Erwartungen gescheitert sind. In erfolgsorientierten Zeiten vergessen die Menschen gerne die Bedeutung von Pausen. Denn egal ob kleine oder große Pause, egal wie lange eine Auszeit dauert, es geht für sie immer um eine Entscheidung auf Leben und Tod. Pause zu machen heißt für viele Menschen, out zu sein. Draußen zu sein aus dem Spiel, nicht gebraucht zu werden, entbehrlich zu werden. Davor haben die meisten Menschen Angst. Ob ein Mensch sich für oder gegen pausenloses Jagen entschieden hat, merkt man daran, wie er mit anderen Menschen umgeht. Denn hinter allem, was wir tun, versteckt sich eine schicksalsprägende Einstellung, zum Beispiel diese: Ich muss etwas Besonderes sein, damit ich geliebt und bewundert werde."

Nach diesen Worten sah er mich ganz ernst an und fuhr fort: „Egal wessen Buch du irgendwann schreibst, sei dir bewusst, dass niemand dem Leben etwas schuldet, außer dass er es, so gut es geht, genießt. Wie es glückt, sein Leben in jeder Lebenslage zu genießen, erfahren wir nur in den Pausen!"

Dem Signore Professore stieg die Zornesröte ins Gesicht: „Jeder lebt das Leben, das er verdient." Dann ließ er seinen Espresso stehen und verschwand in Richtung Tür. Arnoldo folgte ihm.

Wenn ich an diesen Auftritt denke, spüre ich selbst jetzt, am Abend, während ich dies schreibe, noch das Unwohlsein in mir.

Der Barista allerdings blieb scheinbar unbeeindruckt an seiner Maschine stehen. Er polierte, obwohl es nichts zu polieren gab, und pfiff leise ein Lied.

Es klang zunächst fröhlich wie ein Kinderlied. Dann kam ein Refrain, der die unschuldigen Töne aufnahm und immer härter werden ließ, bis daraus der Schrei eines Raubvogels wurde, der abrupt endete.

Es ist schon spät geworden. Im Schreiben vergeht die Zeit wie im Flug. Noch schneller vergeht sie durch das Innehalten, das Nachspüren, das Wachträumen.

Nächte, vor allem einsame, sind Räume, in denen die Bilder der Erinnerung neue Bedeutung bekommen. Ich sitze allein unter der Pergola vor der Bar und schaue durch die geschlossenen Fenster genau dorthin, wo heute Morgen dieses Schauspiel mit dem Professore ablief. Im Halbdunkel der spärlichen Nachtbeleuchtung erkenne ich die Umrisse der Espressomaschine und die leeren Hocker vor dem Tresen. Alles ist menschenleer. Ich spüre einen starken Wunsch in mir, mein Tagebuchschreiben für eine kleine Pause zu unterbrechen. Ich brauche Abstand.

Kleine Pausen sind Zeiten, in denen Wunden heilen können. War das nicht auch einer der weisen Sätze, die der Barista heute Morgen von sich gab? Ich habe zwar keine blutenden Wunden, aber ich spüre, dass sich mein Körper anders als gewohnt anfühlt. Zeit nehmen. Dem Körper Zeit geben. Zeit lassen. Auch die Verspannungen in meinem Körper brauchen Zeit, um sich zu lösen. Aus meinem Bauch heraus fragt mich eine Stimme: Weißt du, wo sich deine innere Sonne versteckt und wo dein innerer Mond? Ist es jetzt nicht auch für dich Zeit, noch tiefer wahrzunehmen, innezuhalten, auszuhalten, einfach zu schauen? Das Gackern des Huhnes wahrnehmen, das sich durch dich gestört fühlt? Das Miauen der Katze? Das Rufen des Fischers, der vielleicht die Nacht bis zum Morgengrauen auf dem Meer verbringen wird? Die Stille. In dieser Stille ist jetzt ein paar Augenblicke lang nichts zu tun.

Nach dieser kleinen Körperreise bekommen die Bilder meiner Erinnerung eine neue Färbung. Ich weiß noch, dass auch die Bar nach dem morgendlichen Gastspiel des Professors eine Pause brauchte, um sich vom Signore Professore zu erholen. Wie ein Energiestaubsauger hatte er alle gute Energie aus dem Raum gesaugt.

„Wie viele Espressopausen würden Sie diesem Menschen verordnen?", fragte ich den Barista, als wir wieder allein waren.

„Es braucht immer ein Leid, ein Ungenügen wenigstens, damit ich meine Espressopausen verordnen kann. Dieser Mann spürt das Leid noch nicht. Es hängt ihm oben im Nacken, in den Schultern und im Gesicht fest. Nur manchmal traut es sich bis zum Brustkorb. Dann lässt er es sich wegmassieren und glaubt, dass alles wieder gut sei. Ja, es braucht erst ein Leid, damit wir die Not spüren und bereit werden, uns zu verändern."

Wir schauten uns lange an, der Barista und ich, dann sagte ich: „Ich würde ihm mindestens einhundert Espressopausen verordnen und das Bild des ungeliebten Kindes vor seinen Espresso stellen, das er einst war", sprudelte es unkontrolliert aus mir heraus.

„Das Bild eines Kindes?", fragte der Barista.

„Ja, und ich würde ihn bitten, sich den traurigen, einsamen Augen dieses Kindes auszuliefern. Eine ganze Pause lang. Dann würde ich ihm sagen: ,Halte das Hoffen, das Bangen, das Flehen, die ungestillte Sehnsucht dieses Kindes aus. Wenn du dieses Kind finden willst, suche es in einer deiner Pausenfallen, die du für dein Beziehungsmanagement missbrauchst. Wenn du es gefunden hast, vielleicht nach hundert oder mehr echten Espressopausen, dann spiel' mit ihm. Das erlöst deine Einsamkeit und damit auch die des Kindes. Denn dieses einsame Kind mit den traurigen Augen, das bist du.'"

Ich sehe noch die staunenden Augen des Barista vor mir. „Das könnte ihm helfen, mein lieber Scrittore. Pausen sind Freiräume für neue Sehnsüchte. Aber bis er diesen Sehnsüchten folgt, wird er immer schneller laufen."

Langsam schien sich die Bar vom Energiestaubsauger Professore erholt zu haben. Die Luft schmeckte wieder frisch nach Meer. Das Schreien der Möwen klang weniger aufgeregt, und die Katze vor der Bar hatte sich mit ihren Jungen unten an der Hafenmauer in der Spätmorgensonne zur Ruhe gelegt. Die Henne scharrte gelangweilt auf der Suche nach ein paar Körnern beim Blumenbeet.

Der Barista deutete auf das Foto, das in einem blumenverzierten Rahmen auf der Theke stand: „Morgen kommt übrigens meine Tochter aus der Stadt."

Ich betrachtete das Foto genauer und sagte: „Das ist Ihre Tochter? Ich dachte, das sei eine Schauspielerin."

„Nein, das ist Angelina. Sie studiert Psychologie und will die traurigen Menschen an den Schatz erinnern, den sie in den Pausen finden können. Hoffen wir, dass sie sich dabei nicht selbst verliert."

Der Barista machte eine Pause. Dann atmete er tief ein und aus, so lange , bis sich die Traurigkeit in seinem Gesicht aufgelöst hatte. Anschließend verschwand er in der Küche.

Ich nutzte das Alleinsein, um mich vor das Foto der Tochter zu setzen, ja, ich kroch fast in dieses Bild, tastete mich in dieses eigenartig fremde und zugleich vertraute Gesicht, wünschte mir den großen Sonnenhut weg, um noch mehr von dieser jungen Frau zu erfahren, blieb bei den Augen hängen und bei diesem vollen, einladenden Mund. Hoffend und sehnend.

Aber die Hoffnung ist ein stummes Kind. Bis morgen. Ciao Angelina! Ja, den Rest des Abends werde ich mit meinem inneren Zeichner verbringen, oder mit dem Dichter oder ich werde nichts tun. Ja, Nichtstun. Es ist jetzt wieder einmal nichts mehr zu tun. Ich werde hinüber zum Strand gehen und genießen, wie der Abend in die Nacht übergeht. Ich werde mich einfach ans große, blaue Meer setzen. So lange, bis all das, was heute geschehen ist, einen guten Platz in mir gefunden hat. Dann werde ich gut schlafen und mich auf diese Angelina freuen. Und wenn ich vor Aufregung nicht einschlafen kann? Dann werde ich meinen inneren Zeichner bitten, Angelina zu zeichnen, so, wie ich sie auf dem Foto sah.

„ Da bin ich ! "

Die zweite Barista-Weisheit

Kleine Pausen ermöglichen dir neue Spielräume. Lerne in diesen Spielräumen, deine Sehnsucht wieder zu spüren.

Meine dritte Espressopause
führt mich zum Geheimnis der Ameisen

Welch ein wunderbarer Morgen ist das heute! Lange vor dem Sonnenaufgang bin ich an diesem dritten Tag aufgestanden. Es war die Vorfreude, die mich aus den Federn trieb. Ein paar Gedanken wollen aufgeschrieben werden. Zum Beispiel über die Vorfreude:

Vorfreude ist die einzige Freude, die uns niemand nehmen kann. Selbst wenn alles anders kommt, als wir es uns erträumt haben, bleibt uns die Vorfreude als ein unzerstörbarer Schatz. Schon beim Öffnen der Fensterläden kam diese Vorfreude mit dem Morgenlicht in mein Zimmer. Jetzt, mit der aufgehenden Sonne, bekommt sie eine neue Dimension. Der Wind bewegt sanft die Palmwedel, die an der einen Seite über das Balkongeländer reichen. Die wechselnden Farben des Sonnenaufgangs überfluten alle anderen Farben um mich herum. Nackt und verletzbar sitze ich auf dem Balkon und schreibe. Dabei atme ich mit einem Seufzer bewusst tief aus, um Platz für neues Leben in mir zu schaffen. Wie ein neugieriges Kind schaue ich in die Farbenpracht des Morgens und entdecke immer wieder neue Farbenspiele, höre immer neue Geräusche. Gerade sind es die vielfältigen Klänge der schaukelnden Schiffe im Hafen.

Die Werkstatt unten am Hafen habe ich fast vergessen. Den Ärger sowieso. Soll es mit der Reparatur doch dauern, so lange es will. Ich habe Zeit. Es ist nichts zu tun. Die Vorfreude ist sich selbst genug, und ich bin ein Teil davon. Nicht einmal über die Ameisen, die sich an den Überresten meines Frühstücks hermachen, ärgere ich mich. Solche freien Zeiten habe ich schon immer für Entdeckungen genutzt. Ich studiere das Treiben der Ameisen und entdecke nach geduldigem Schauen hinter dem scheinbar unsinnigen Chaos von Geschäftigkeit eine heimliche Ordnung. Eine einzelne Ameise hat sich scheinbar verlaufen. Voll bepackt mit einem riesengroßen Brotkrümel findet sie zurück zu den anderen. Ich denke an einen Vortrag, den ich vor meiner Reise gehört habe. Der Referent erklärte, dass Ameisen die Gemeinschaft der Ameisen bräuchten, um sich überhaupt als Ameise erkennen zu können. „Fragen Sie sich, wie das bei Ihnen ist!", schloss er seinen Vortrag.

Wie ist das bei mir? Brauche ich die Gemeinschaft eines anderen Menschen, um mich wichtig und wertvoll zu fühlen?

Ich schaue mir noch einmal zufrieden meine Zeichnungen von gestern Nachmittag an. Unter den Menschen, die ich am Strand an diesem wolkenlosen, sonnigen Nachmittag mit ein paar mal frechen, mal vorsichtigen Strichen zu zeichnen versuchte, war das Bild einer jungen Frau. Eine junge Frau, die es so vielleicht gar nicht gibt. Aber in mir existierte sie schon gestern Nachmittag als leise Sehnsucht.

Wieder sitze ich auf dem Balkon. Aber anders als heute morgen. Gefüllt mit den Eindrücken eines Tages, der sich ganz anders zeigte als die Bilder meiner Vorfreude. Die Sonne ist untergegangen, dafür erfüllt mich der nächtliche Zauber. Ich träume in die Nacht hinein und lasse die Bilder der Erinnerung wie einen inneren Sonnenaufgang hochkommen.

Irgendwann muss ich heute Morgen hier auf dem Balkon wohl mit meiner Vorfreude eingeschlafen sein. Denn als ich aufwachte, war die Sonne schon in ihrer vollen Kraft. Ich wollte gerade zum Duschen ins Zimmer, stand nackt, wie ich war, auf, da bemerkte ich, dass droben am Ortsschild ein Autobus hielt. Ich wurde unruhig. Sollte dies der Bus sein, der die schöne Angelina bringt?

Ein paar Frauen mit großen Körben stiegen zuerst aus. Dann ein paar Männer. Und dann die Gestalt einer jungen Frau. Dunkle, lange Haare, schlank, buntes kurzes Sommerkleid, so stand sie da, strich sich mit der Hand kurz die Haare zurecht, setzte eine Sonnenbrille auf und den großen Sonnenhut, den ich vom Foto her kannte.

Sofort runter, schoss es in mir hoch, nein, schnell noch anziehen, nein … Ich stockte. Ein dunkles Porsche-Cabriolet fuhr, aus einer Gasse kommend, zur Bushaltestelle. Dann in Höhe des Busses: kurzes Aufblitzen der Bremslichter, der Porsche hielt direkt vor der jungen Frau. Der Fahrer beugte sich zu ihr, stieg aus, öffnete die Beifahrertür, die Frau stieg ein, der Porsche wendete eindrucksvoll quietschend und fuhr Richtung Bar. Der Mann war der Professore! Dachte ich es mir doch. Er drängt sich vor, macht auf vornehm, gibt ihr auch noch einen Handkuss, bevor er sich gestenreich verabschiedet. Ich sah noch, wie sie ihm nachwinkte. „Ciao, a domani." Bis morgen? Dann verschwand die junge Frau unten in der Bar.

Ich versuchte, ganz ruhig zu bleiben und das alles als kleine Pausenübung zu nutzen. Also erst frisch machen, duschen, anziehen, bewusst geduldig mein Zimmer aufräumen und erst dann ganz langsam hinunter in die Bar gehen. Als ich unten ankam, sah ich zuerst den Barista. Er stand hinter der Theke und streichelte einmal mehr mit der linken Hand seine Espressomaschine.

Seine Augen strahlten. Immer wieder nickte er, während eine Frauenstimme begeistert erzählte.

„Si, Papà, zuerst geht es ums Erkennen, dann ums Verstehen und erst danach ist Handeln angesagt."

Der Barista nickte: „Ein gutes Schweigen wurde nie geschrieben", sagte deine Mutter immer in solchen Situationen, weil es ihre Mutter auch so sagte, weil es alle Polentoni so sagen."

Der Barista sah mich die letzten Stufen der Treppe herunterkommen und nickte mir herzlich zu.

„Polentoni, was ist das?", fragte ich, um mich auch der Tochter bemerkbar zu machen.

Die antwortete kurz, ohne sich zu mir umzudrehen: „Polentoni sind die Norditaliener und Terroni, das sind die Süditaliener."

Der Barista ergänzte mir zugewandt: „Die Terroni, das sind die mit dem extrem starken Espresso. Das sollte ein zukünftiger Barista wissen." Dann fügte er seiner Tochter zugewandt noch hinzu: „Und dass dieser junge Mann Giovanni heißt und ein begabter Scrittore und Poet ist, das, liebe Angelina, solltest du wissen."

Die schöne Tochter des Barista musterte mich kurz, dann antwortete sie ihm mit leicht trotzigem Unterton: „Du sagst doch selbst immer wieder zu mir, dass ich nicht alles wissen muss. Wer zu viel weiß, macht sich nur unnötig Sorgen."

Der Barista lachte über ihre Antwort. Dann wurde seine Stimme bedeutungsvoll: „Occuparsi ma non preoccuparsi. Beschäftigen sollst du dich schon mit unserem Gast, aber sorgen brauchst du dich um unseren Scrittore nicht."

Ich verbesserte den Barista nur halbherzig: „Ich bin ein artista della vita, ein Lebenskünstler und ein werdender Scrittore, Signorina Angelina."

Daraufhin drehte Angelina gekonnt verführerisch ihren Kopf in meine Richtung. Ein kurzer Augenaufschlag genügte, und es war um mich geschehen.

„Buon giorno, Signore Artista. Dieser Name trifft doch auf alle Künstler zu, ob sie Poet oder Schriftsteller oder Maler sind. Ich schreibe übrigens auch Gedichte, ich bin also eine werdende Poetessa."

Ich ging ein paar Schritte auf sie zu und stotterte ihr verlegen entgegen: „Dann haben wir ja schon die erste Gemeinsamkeit. Sie sind eine werdende Dichterin. Ich bin ein werdender Dichter. Aber schon beim Namen unterscheiden wir uns: Ich heiße übrigens Hans, übersetzt Giovanni, und so heißt ja auch Ihr Vater. Da gibt es doch schon wieder eine Gemeinsamkeit. So viele Gemeinsamkeiten sind ein großer Schatz."

Angelina schien meine Verlegenheit zu merken. Scheinbar locker konterte sie: „Wissen Sie, mit Schätzen hat es so seine Eigenart. Für das Kind sind die rostigen Nägel der größte Schatz. Für einen Geschäftsmann sind es die Kunden. Aber ob dieser Schatz auch für mich wertvoll ist, kann ich noch nicht sagen." Nach diesen Worten ging sie nach oben.

Ich bin mit meinem Auftritt höchst unzufrieden. Aber wenn sie ihr Zimmer neben mir hat, bekomme ich schon noch ein paar Chancen. Der Gedanke beruhigt mich.

Kurz darauf kam Angelina mit einem Büchlein in der Hand in die Bar zurück und baute sich verführerisch vor mir auf: „Mein Vater bat mich übrigens, Ihnen dieses leere Buch mitzubringen. Ist es richtig, dass Sie ein Buch schreiben wollen?"

Ich nickte zögernd. „Mal sehen, was die Zukunft bringt. Bis vor Kurzem wollte ich ein Pausentagebuch schreiben. Aber mit jedem neuen Tag spüre ich beim Schreiben, dass daraus mehr werden will."

Angelina unterbrach mich herausfordernd: „Wenn es Ihr Traum ist, dann machen Sie doch das eine, ohne das andere zu vergessen!"

„Ja, mein Traum wäre es schon."

Ich spürte einmal mehr die Vorfreude in mir. Angelina versteckte das Büchlein mit auffälliger Geste hinter ihrem Rücken.

„Und was bekomme ich dafür?"

Ich schaute verunsichert.

Da schob sie nach: „Also, ich wünsche mir, dass Sie mir ein Gedicht schenken oder, wenn Sie sich das zutrauen, ein Bild von mir malen. Oder dass ich in Ihrem Buch vorkomme. Am besten, ich wünsche mir alles von Ihnen. Versprochen?"

„Oh, ich kann aber nicht so gut Menschen malen", gab ich vor.

„Sie können ja üben!", konterte sie mit kessem Blick.

Und wie ich üben will! Pausenlos üben. Naja, nicht ganz. In einigen Pausen werde ich mit diesem Engel hoffentlich noch anderes ausprobieren.

Als Angelina wieder nach oben verschwunden war, ging auch ich. In meinem Zimmer angekommen, öffnete ich das neue Buch und überlegte mir, womit ich am besten beginnen sollte. Dann holte ich die bereits beschriebenen Blätter hervor und übertrug all das, was ich bis zu diesem Zeitpunkt schon aufgeschrieben hatte, so sauber ich konnte, in mein neues Pausentagebuch. Die Zeichnungen schnitt ich sorgfältig aus und klebte sie an die entsprechenden Stellen ins Buch ein. Es soll ja nichts verloren gehen. Das dauerte länger als geplant. Dann öffnete ich das Fenster nach hinten zum Garten, um frische kühle Luft hereinzulassen. Da sah ich Angelina in den Garten gehen, sah, wie sie sich einen Liegestuhl unter einen großen Zitronenbaum stellte. Wie in einem Stummfilm zog sie sich langsam, gekonnt betont bis auf einen reizenden Bikini aus und schien bald einzuschlafen.

Ich nahm sofort das Tagebuch und begann, sie von hier oben zu zeichnen, zeichnete immer mutiger, immer freier, so frei, dass ich dabei sogar den Bikini vergaß. Da öffnete Angelina die Augen, sah mich, lächelte und rief mir nach oben zu: „Giovanni, übst du schon?" Ich erschrak kurz über das ungewohnte Du und über den strengen Ton in der Stimme.

„Si, si, Signorina, ich übe fleißig." Ich fühlte mich ertappt, schloss das Fenster, verschwand im Zimmer und machte mich noch einmal frisch, um in den Garten zu gehen.

Dort unten herrschte um diese Zeit Ruhe und Muße. Lange saß ich im Halbschatten der Pergola und bekam eine Ahnung von den Geheimnissen der Sinne, lauschte in meine Erregtheit hinein und gleichzeitig in meine Verlegenheit, hörte seltsames, warnendes Vogelgezwitscher und atmete den betörenden Geruch frischer Zitronenblüten ein. Ich genoss die tiefrote Erdbeere, die neben der aufbrechenden Rose vergessen wuchs und staunte über die Farbenpracht eines südlichen Gartens. Weiter hinten entdeckte ich im Gras so etwas wie einen Irrgarten. Er war mir schon vom Fenster oben aufgefallen. Ein Weg war so im Gras angelegt, dass es zwar einen Eingang, aber scheinbar viele Irrwege zur Mitte gab. In der Mitte befand sich eine kleine Holzstele, auf der irgendetwas geschrieben stand.

„Was steht auf dieser Stele da?", fragte ich.

Keine Antwort. Angelina schlief tief und fest. Ich ging in die Bar zurück. Dort stand ich, ganz allein mit mir und meinen Sehnsüchten und mit dem Barista. So ganz nebenbei erfuhr ich von ihm in dieser Ruhe, dass dieses Gebilde hinten im Garten kein Irrgarten, sondern ein Labyrinth war. Ein Labyrinth hilft uns dabei, unsere Kräfte zu sammeln, um unser Zentrum zu finden, während ein Irrgarten unsere Kräfte zerstreut, weil er kein Zentrum hat. Ich nahm mir vor, irgendwann in dieses Labyrinth zu gehen. Aber jetzt wollte ich Angelina nicht stören und schlenderte in die Bar zurück.

Arnoldo kam ebenfalls gerade herein und begrüßte mich und den Barista.

„Und? Wie liefen die Geschäfte?", fragte der Barista.

„Sehr gut. Aber dieser Professore ist kein Lebenskünstler. Er wollte nicht einmal essen gehen und den Erfolg feiern. Giovanni, lass' uns wenigstens noch einen Espresso genießen." Der Barista nickte und braute besonders hingebungsvoll. Das bemerkte nicht nur ich, sondern auch Arnoldo.

Ich erinnere mich noch genau an Arnoldos Worte, die mehr für mich als für den Barista gedacht waren. „Es liegt immer am Chef der Bar, lieber – noch – unbekannter Scrittore. Es liegt immer am Barista, wie sein Espresso schmeckt."

Dann sprach er den Barista direkt an: „Du, Giovanni, hast ein besonderes Händchen, nicht nur für den richtigen Druck, auch wenn das schon für viele ein Geheimnis ist. Wie du, mein Freund, den Gruppo füllst, wie du noch einmal zart über das Espressopulver streichst, bevor ein duftender, cremiger Caffè daraus wird. Wäre ich ein Espresso, ich würde dich auch mit so einer samtigen, zart schaumigen Crema belohnen."

Dem Barista gefiel das, deshalb schlug er vor: „Soll ich ihn mit einem kräftigen Schuss ‚auswaschen', so wie du es von deiner Heimat im Norden her kennst?"

Zu mir gewandt, schob er noch eine Erklärung ein: „Weißt du, Scrittore, das ist ein alter Brauch, bei dem es darum geht, den in der Tasse verbliebenen Espresso mit einem Schuss Grappa aufzumischen, damit vom edlen Caffè auch nichts verloren geht."

Das war der Startschuss für Arnoldo: „Also gut, Giovanni, wasch mir die Tasse mit einen Hauch Grappa aus!"

Kurz bevor er trinken wollte, stockte er jedoch: „Auch wenn der Professore kein Lebenskünstler ist, heißt das noch lange nicht, dass ich deshalb auf mein Festessen verzichte. Ich kann ja auch mit anderen netten Menschen meinen Geschäftserfolg feiern. Was hältst du davon, Giovanni, mit mir oben in den Bergen bei Alfonso das Leben bei edlem Wein, Weib und Gesang zu genießen?". Das wollte der Barista nicht. Aber die Idee, dass Arnoldo mit netten Menschen seinen Erfolg feiern wollte, die fand er gut.

Gleich diskutierten sie hin und her, dann war man sich einig, dass Angelina und ich ihn morgen Mittag oder Abend doch begleiten könnten. Ich stimmte sofort zu.

„Angelina, dein Onkel und unser Scrittore wollen mit dir wunderbar essen gehen. Bist du einverstanden?", rief der Barista in Richtung Garten.

Schnell kam eine Antwort zurück: „Si, bravo. Ciao, Onkel. Morgen ist gut, aber mittags."

Ich konnte mein Glück kaum fassen, bedankte mich bei Arnoldo für die Einladung und brauchte dann einen Caffè corretto, aber einen Schwarzen, so wie ihn die Terroni trinken, ausnahmsweise mit einem extra Schuss Grappa gekrönt.

Ich weiß noch, wie meine Füße aufgeregt und unbemerkt zu tanzen begannen und wunderte mich über das Kribbeln. So fühlt sich Vorfreude an, dachte ich spontan. Bald erfasste das Kribbeln mein ganzes Bein.

„An meinen Füßen laufen die Ameisen vorbei", rief Arnoldo plötzlich aufgeregt. „Pass auf, dass nicht noch mehr von diesen lästigen Dingern in deine Bar kommen."

Das war der Startschuss, um über die Wichtigkeit dieser Tiere heiß zu diskutieren. Arnoldos Lehrstunde begann mit einem Vergleich.

„Kennst du den Unterschied zwischen Ameisen und dem Professore?", fragte er den Barista. Der verneinte.

„Ameisen können dienen. Der Professore will immer nur verdienen." Der Barista setzte das Fragespiel fort: „Kennst du den Unterschied zwischen Leben und Überleben? Überleben ist Last. Leben ist Lust. Der Professore ist auf dem Weg, den Unterschied zu erleben. Aber die Bedingung ist, dass er sich erlaubt, wieder spielen zu lernen. Vielleicht schaut er mal den Kindern beim Spielen zu. Spielen ist ein Geschenk der kleinen Pause."

Ich genoss das Gedankenspiel. Spielen, das konnte ich. Jedes leere Blatt Papier ist ein Spielplatz für mich. Aber auch die unsichtbaren Gedanken eignen sich für Spiele. Gedankenspiele nenne ich solche Spiele. Dafür brauche ich nichts, ausser kleine Pausen.

„Mit einem Nichts in der kleinen Pause zu spielen, das nenne ich träumen", philosophierte ich vor mich hin.

Der Barista nickte anerkennend: „Spielen heißt ausprobieren, ohne Ergebniszwang, ohne Rechtfertigungsdruck, ohne dass etwas Großartiges daraus entstehen muss. Und das hat viel mit den kleinen Pausen zu tun. Wie auch das Lieben viel mit der Kunst der Pausen zu tun hat."

Immer mehr redete sich der Barista in sein Seelenthema hinein. Er erzählte, wie wichtig es für uns Menschen sei, die eigenen Träume ernst zu nehmen und darin spielerisch das Unmögliche auszuprobieren. Dass nur beim Spiel oder dem spielerischen Ausprobieren das entstünde, was selbst den Träumer überlebt. Und wieder war er beim Dienen und der Frage, wie man sich in den Dienst einer Gemeinschaft stellte. Wie das ginge, das habe er von den Ameisen gelernt. Dann schlug er einen Bogen zu den Menschen. Das roch stark nach dem dritten Geheimnis des Barista.

„Sie laufen auf Straßen, die von anderen geträumt und gebaut wurden. Von anderen Menschen, die vielleicht schon nicht mehr leben. Sie wohnen in Häusern, die von einer Gemeinschaft anderer geträumt und gebaut wurden. Aber auch das ist wahr und wirklich zugleich: Diese Häuser, die Parks, die Firmen, alles Großartige gab anderen Menschen Gelegenheit, sich selbst und ihre Begabungen in der Welt zu erfahren. Die Galerien, die Kinos, die Konzertsäle, alles gebaut, um Menschen die Möglichkeit zu geben, ihre Einzigartigkeit nicht nur zu träumen, sondern auch zu erfahren und ganz nebenbei ein wenig vom Nektar der Unsterblichkeit zu nippen."

Arnoldo nickte und fügte hinzu: „Die eigene Erfahrung zur Verfügung zu stellen, umschreiben Menschen damit, dass sie dem Größeren und Ganzen dienen. Die Ameisen machen das einfach. Sie dienen dem Ganzen. Wir wissen zu wenig über Ameisen. Vielleicht haben sie auch ein Bewusstsein, eine Passion, auf jeden Fall handeln sie so, als hätten Sie Gemeinsinn und würden dem unendlichen Leben dienen." Zu mir gewandt fuhr er fort: „Auch wir Menschen handeln so. Der Chef gibt vor, nur das Wohl seiner Firma im Auge zu haben, der Politiker sieht sich im Dienst seiner Wähler, der Künstler im Dienst des Schöpfers, und Eltern sehen sich im Dienst des Lebens.

Der Barista nickte zustimmend. „Hinter jeder Passion, also hinter jeder leidenschaftlichen Aufgabe, steckt auch die Angst, vergessen zu werden, spurlos zu verschwinden. Jede kleine Pause macht dir den Unterschied zwischen Beschäftigung und Passion bewusst."

Der Barista gönnte sich eine kleine Atempause, bevor er sehr nachdenklich weitersprach: „Auch hinter unserer Sehnsucht nach Transzendenz, nach Sinn, nach Bedeutung, nach Einswerden mit der Unendlichkeit in einem Universum, das viele Milliarden Jahre alt ist und eine unendliche Ausdehnung hat, mit unendlich vielen Galaxien und unendlich vielen Sternen, die durch feinste Energien geheimnisvoll verbunden sind, steckt oft diese Angst. "

Arnoldo nickte heftig: „Wie viele Espressopausen du brauchst, um so weit schauen zu können, das ist auch mir ein Rätsel geblieben. Vielleicht muss ich erst ein Stern werden, um dieses Geheimnis zu ergründen."

„Du bist ein Stern, Arnoldo!", unterbrach ihn der Barista mit einem Augenzwinkern. „Denn alles Leben, alles Sichtbare ist aus der gleichen Grundenergie des Lebens geboren. Diese Schöpfungskraft, die alles Leben möglich macht, nennen die einen Gott, die anderen Kraft oder auch Liebe. Liebe ist nicht nur für mich die Kraft, die alles durchströmt, alles Neue gebiert. Wenn du das einmal erkannt hast, stellst du fest, dass alles, die Passion, der große Traum, selbst die kleinen Pausen Kinder der Liebe sind."

„Vielleicht geht es darum", philosophierte der Barista weiter, „sich durch die geheimnisvolle Kraft der Pausen als einen tanzenden Stern unter Milliarden von tanzenden Sternen zu erkennen. Alle zusammen erst ergeben die Unendlichkeit. Wenn einer dieser Sterne fehlt, hat das Universum ein Loch. Irgend so ein gescheiter Mann schrieb einmal, dass Menschen aus Sternenstaub entstanden sind."

„Jeder Mensch und auch jede Ameise sind kleine Sterne, die wie ihre großen Geschwister, wie alles Leben, aus Sternenstaub entstanden sind", resümierte Arnoldo.

Der Barista lachte: „Oder auch nicht. Was aber sicher ist: Menschen sind wie Ameisen, die erst in einem Wir ihre Bedeutung erfahren." Bei diesen Worten musste er über sich selbst schmunzeln. „Ich bin auch so ein Ich, das sein Wir benutzt, um sich selbst für großartig zu halten."

Dann stellte er sich vor mich und zeigte mir eine seiner Pausenübungen. Ich sollte immer wieder die kleinen Pausen dazu nutzen, all den Menschen um mich herum bewusst einen Wimpernschlag lang in die Augen zu schauen.

„Mach' dir bewusst, dass jeder um dich herum mit seiner ganz eigenen Geschichte und Passion für die Evolution gleich bedeutend ist. Auch ein Regisseur braucht jeden Schauspieler, sonst hat die Handlung ein Loch."

Eine kurze Pause, dann kam seine alles entscheidende Frage: „Wer von euch will einen Espresso?"

Wir nickten gleichzeitig.

Die Ameisen, die am Boden krabbelten, störten sich nicht an unserer Diskussion. Sie machten weiter wie gehabt. Und wir, wir brauchten eine Verschnaufpause.

In der Telefonzelle vor der Bar sah ich den Professore telefonieren. Er redete laut und energisch, dabei gestikulierte er theatralisch mit den Armen. Ein lauter, kalter, Befehlston schwang in seiner Stimme. Anschließend kam er in die Bar, um einen Espresso zu bestellen. Dann entdeckte er Angelina, die gerade aus dem Garten in die Bar kam, und versuchte ein Lächeln.

Sie nickte kurz zurück, setzte sich an einen Tisch und begann in einem Buch zu lesen. „Machiavelli" konnte ich auf dem Titel erkennen. Bald darauf verließ sie die Bar wieder in Richtung Garten.

Dieser Tag hatte es in sich. Langsam stellt sich die Müdigkeit ein. Zufrieden mit dem Ergebnis des langen Schreibens spüre ich noch einmal in mich hinein. Spüre die Freude des Scrittore in mir, den Stolz des Zeichners über seine gelungenen Skizzen, das Lächeln des Poeten. Bedanke mich wie ein Regisseur bei meinen inneren Teilen, die an diesem Tag alle ihr Bestes gaben.

Die dritte Barista-Weisheit

Ohne dich ist die Welt unvollständig
und ohne die Welt bist es auch du.
Dass dies so ist, erkennst du nur
in den Pausen.

Donnerstag, 4. Mai

Meine vierte Espressopause
treibt mich zum Geheimnis der Schiffe

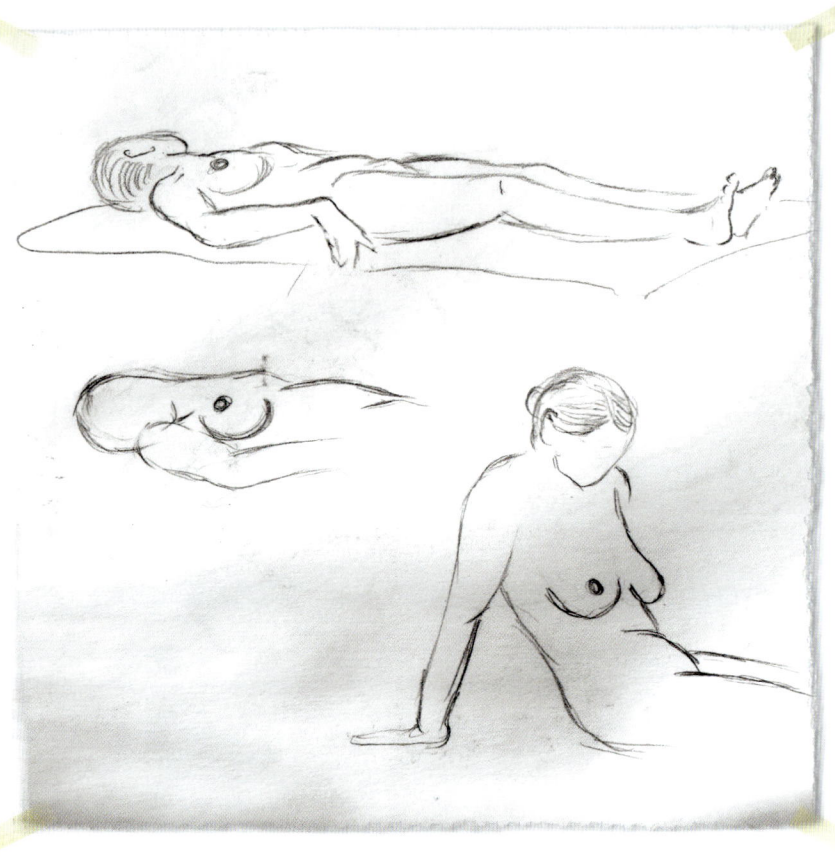

L'ozio è il padre dei vizi! Das habe ich heute Morgen in der Zeitung als Spruch des Tages gelesen. Für mich stimmt dieser Satz auch jetzt, am Abend, noch nicht. Müßiggang ist in der Rückschau auf diesen Tag nicht aller Laster Anfang. Müßiggang ist aller Freuden Anfang.

Ich genoss den Garten und Angelina. Genauer gesagt genoss ich das Glück, in einem blühenden Garten voller Feigen, Oliven, Orangen, Zitronen und unzähliger Düfte neben einer wunderschönen Frau zu liegen und nichts zu müssen. Nichts reden, nichts hören, nichts tun. Nur da sein. Den Augenblick erleben und diese Stille.

Ich begann zu träumen, und gleichzeitig war ich hellwach, gab mich den fantasierten Möglichkeiten hin, ohne darauf zu bestehen, dass sich alles Erträumte auch erfüllen musste. Und ich genoss, wie ich mich in dieser Zauberwelt erlebte: Als würde sich hinter einer vertrauten Stille ein neues Tor in eine noch stillere

Stille öffnen und weiter, bis sie eins mit der großen Stille wurde, die ich vom Meditieren her kannte. Oder von den Bergen, wenn ich früher als Junge ganz oben am Gipfel stand.

Das Wissen um die Endlichkeit dieser stillen Augenblicke machte den Augenblick noch wertvoller. Leider habe ich noch kein Rezept gefunden, wie sich diese Augenblicke konservieren lassen. Malen, Schreiben oder Zeichnen bringen mir manchmal die Illusion, etwas von diesen kostbaren Momenten in die Zukunft retten zu können. Aber nur dann, wenn das, was ich tue, zweck- und erwartungsfrei ist. So wie das Tagebuchschreiben, das sich zu einem Buchprojekt entwickeln kann, aber nicht muss.

Während ich so im Garten darüber nachdachte, versuchte ich, über meinen Atem Ruhe zu finden. Der Atem ist, wie ich gelernt habe, ein treuer Begleiter auf dem Weg zum Pausenprofi. Ich spürte, wie lang und weit mein Atem war und wie sich durch das achtsame Beobachten die Pause zwischen Einatmen und Ausatmen noch einmal weitete. Da wurde mir klar: Zwischenräume sind Räume, die unsere Ungeduld heilen wollen.

Mit diesem letzten Gedanken begann ich, den Garten um mich herum mit anderen Augen zu sehen und fing an zu zeichnen. Zuerst zeichnete ich den Olivenbaum. Danach wanderte der Künstler in mir zu Angelina. Mal sah er das Motiv, mal das Geheimnis dahinter. Ich versuchte, das Einzigartige, Einmalige an ihr in ein paar Strichen festzuhalten.

„Zeichnest du mich?" Angelina schien mich aus den Augenwinkeln heraus zu beobachten.

„Ich versuche es. Du bist so einmalig schön, dass es mir schwerfällt, all das mit ein paar Strichen auszudrücken."

Das war der Verliebte in mir, der sich mit sanfter Stimme meldete. Angelina wurde wach.

„Per aspera ad astra. Je schwieriger der Weg zu den Sternen, umso größer der Erfolg!"

Welchen Erfolg meinte sie? Einen Bucherfolg oder einen Erfolg beim Werben um sie? Geld oder Liebe? Ich suchte nach einem Gespräch, das dazu passte.

„Warum unterscheiden Menschen zwischen Unkraut und Nutzpflanzen? Soll Unkraut kein Recht auf ein gutes Leben haben?"

Angelina antwortete, ohne wirkliches Interesse: „In unserem Garten unterscheiden wir nicht."

Angelina hatte das gleiche Buch neben sich liegen, das sie schon in der Bar bei sich trug. Es hatte etwas mit Machiavelli zu tun, diesem Menschen, der sich vor fast fünfhundert Jahren schon mit den Spielen der Mächtigen beschäftigte.

„Machiavelli? Welches Buch von ihm liest du gerade? Dieser Machiavelli interessiert mich schon lange", schwindelte ich ein wenig.

Angelina schwieg.

„Darf ich dieses Buch mal ausleihen?"

Die Antwort kam wie von einem Anrufbeantworter: „ Bitte tu dir keinen Zwang an."

Ich begann, durch die Seiten zu blättern und blieb bei einigen Merksätzen und dem Inhaltsverzeichnis hängen. „Wie Sie die Machtfrage für sich entscheiden", las ich halblaut mehr für mich als für Angelina, „Wie Sie einen Weg finden, Menschen so zu manipulieren, dass diese Menschen selbst ihre Liebe verraten."

Unruhe machte sich in mir breit, doch ich las weiter. Es ging offenbar um ein Vier-Schritte-Programm für erfolgsorientierte Menschen, das sich auf diesen Machiavelli bezog:

1. Ein Problem ansprechen
2. Den Finger auf die Wunden legen
3. Eine Drohung aussprechen
4. Eine Lösung aufzeigen

Als Nachsatz stand das Fazit: „Dieser Weg ist so genial einfach, dass er Menschen dazu bringt, alles bis zum Umfallen zu geben. Vergessen Sie die unnützen Pausen. Nur eine Verschwendung von Ressourcen."

Da wusste ich, von wem der Professore seine schlauen Sprüche geklaut hatte. „Der Professore ist von Machiavelli verseucht!", rief ich. Angelina wollte antworten, hielt sich aber zurück. Stattdessen setzte sie sich auf und schaute mich lange an. Erst dann begann sie zu sprechen:

„Leute wie du sind ebenso gefährdet wie der Professore. Was wisst ihr schon vom Geheimnis der Schiffe? Was wisst ihr von der Verantwortung für ein Leben? Und wenn ihr es wüsstet, was würdet ihr mit diesem Wissen tun? Von meinem Vater habe ich viel gelernt, manches davon vergessen. Aber eine seiner vielen Weisheiten wird mein Leben begleiten bis zum letzten Atemzug. Jeder, so sagt er mir immer wieder, sei mit einem Schatz geboren, den wir Leben nennen. Für dieses Leben ist nur er selbst verantwortlich. Damit hatte ich weniger Probleme. Viel später erst verstand ich den zweiten Teil seiner Weisheit, nämlich, dass zu dieser Verantwortung noch eine Verantwortung für das große Leben gehört. Wir sind nicht nur Mitgestalter des eigenen, sondern auch des großen Schicksals. Dafür haben wir nur eine Chance, dieses eine Leben! Wir wissen nicht, wie lange der Schatz reicht und was uns auf dieser Lebensreise alles widerfährt. Gerade deshalb ist es wichtig, achtsam mit deinem Schatz umzugehen, sonst versäumst du dein Leben. Bekommst du jetzt eine Ahnung, warum wir immer wieder kleine Pausen brauchen?"

Ich erschrak über die Heftigkeit in Angelinas Stimme. Sie bemerkte das und schob mit sanfterem Unterton nach:

„Wenn ein Schiff da draußen über den Ozean segelt, weiß ein guter Kapitän, dass seine Vorräte begrenzt sind und für eine lange Fahrt eingeteilt werden müssen. Er weiß, dass diese Fahrt mit dem nächsten Sturm zu Ende sein kann. Aber er teilt seine Vorräte so ein, als würde er seine Mission erfüllen. Er rechnet sogar mit Windstille, Unwetter, dem Verlust von Vorräten, mit Krankheit und mehr. Wir Menschen machen das auf unserem Erdenschiff nicht, sondern tun so, als wäre unsere Erde ein austauschbarer Wegwerfartikel, als hätten wir das Recht auf ewiges Glück und ewiges Leben in Hülle und Fülle – auf Kosten anderer. Mit „wir" meine ich jeden einzelnen, der sich über andere erheben will, der auf Kosten anderer etwas Besonderes sein oder ein unsterblicher Held werden will. Heute nennt man diese Leute manchmal Manager, manchmal Chef, manchmal Investor. Auch viele Künstler sind unter ihnen. Die meisten aber sind namenlose tragische Helden oder Leute, die sich zu Clowns machen, weil es zum Narren nicht reicht. Denk mal darüber nach, was den Clown vom Narren und den Narren vom König unterscheidet."

Mir schien, als würde der Garten mithören und seine Unschuld verlieren. Die Farben wurden austauschbar, die Düfte rochen aufdringlicher, die Vielfalt wurde uniform. Sogar Angelina verlor ihre Weichheit. Ich wunderte mich über die Leidenschaft in ihrer Stimme, als sie fortfuhr:

„Scrittore, die Welt ist hart geworden wie noch nie. Das hat mir auch der Professore gesagt. Es gibt keinen wirklich planbaren Erfolg. Nur die Gier nach Erfolg. Und die Zauberformel der Gier geht nach Machiavelli exakt so: Schreib das ruhig mit, wenn du willst. In diesem Markt überleben nur die Besten. Ich bin mir zwar nicht sicher, ob du, Scrittore, das Potenzial hast, dazuzugehören. Aber ich gebe dir eine Chance, damit du es mir beweisen kannst. Aber nur eine Chance! Wenn du sie nicht nutzt, bist du für mich tot. Merke dir: Es gibt keine zweite Chance!"

Jetzt, wo während des Schreibens all das Erlebte noch einmal in mir hochkommt wie stinkendes Wasser aus einem verstopften Rohr, weil ich den Worten durch das Aufschreiben eine neue Bedeutung gebe, bekomme ich Angst. Ist das die Prophezeiung einer weisen Frau? Welche Bedeutung haben in einer solchen Welt die Pausen? Und wofür werden sie dann genutzt?

Am Ende ihres Temperamentsausbruchs sah mir Angelina in die Augen. Ich versuchte, ihren Blick auszuhalten, musste dann aber passen. Die Natur fing mich auf. Gnädig schenkte sie mir die Farbenpracht der Blüten, den Duft reifer

Zitronen und verblühender Obstbäume. Den Olivenbaum über mir wandelte sie in einen Baum der Erkenntnis. Und die Pause? Sie half mir, all das wahrzunehmen.

Wenn das Spiel so geht, höre ich mitten im Schreiben den Schriftsteller aus meinem tiefen Innern erschrocken zu mir sprechen, dann ist ja jeder andere Schriftsteller mein Feind. Ich unterscheide nur noch zwischen Nutzpflanzen und Schädlingen, zwischen Menschen, die mir nützen, solange sie mir dienen, und die, wenn ich sie nicht mehr brauche, zu Unkraut werden, das ich aus meinem Leben tilge. Mein Leben besteht dann nur noch aus Feinden. Jeder ist sich selbst der Nächste.

Nach einer Weile der Stille sehnte ich mich wieder nach Angelinas Augen. Zuerst vorsichtig, dann mutiger begann ich, den Gesprächsfaden erneut aufzunehmen. „Die Antwort auf Machiavelli ist die wirkliche Barista-Pause."

Angelina nickte mir zu: „Ja, nach so einer Pause stellst du dir leichter neue Fragen. Wie erkenne ich, was wesentlich für mich ist? Wie trenne ich mich vom Unwesentlichen? Und: Wie wehre ich die ab, die mich zu Unwesentlichem verführen wollen? Eine wichtige Frage, Scrittore: Wenn unsere Erde ein Raumschiff im Meer der unendlichen Galaxien ist, zerbrechlich, begrenzt, endlich, und ich ein Erdling bin, was brauche ich dann wirklich? Wenn ich und du, der Professore, Arnoldo und wie sie alle heißen, kleine Wassertropfen in einer von vielen Wellen des unendlichen Ozeans sind, den wir Leben oder Schöpfung nennen, wo beginnt da meine Verantwortung und wo endet sie? Wenn alle Menschen im Spannungsfeld zwischen Sehnsucht nach Selbstverwirklichung und nach bedingungsloser Hingabe leben, wenn jeder von uns gleichzeitig getrennt von allem und zugleich mit allem verbunden ist, wie kann ich etwas Besseres oder Minderwertigeres sein? Mein Papà sagt immer: Wir müssen uns diese Existenz nicht verdienen, sie wurde uns bedingungslos geschenkt. Lieber schreibst du dein Pausentagebuch nur für dich, als es für einen möglichen Erfolg zu verraten. Um dies zu erkennen, brauchen wir kein Sabbatjahr und keine Auszeit, auch keine Krankheit, nur die kleinen Pausen. Verdrängen wir dieses

Bedürfnis, zahlen wir einen hohen Preis, den wir im Studium Burnout nennen. Weißt du, was das heißt?"

Angelina stand da wie eine Prophetin und schaute zum Himmel: „Möge dir und mir dieser Preis erspart bleiben."

Ich dachte an die vielen erfolgsorientierten Menschen, die vielen Täter und Opfer, die Aussortierten, Entsorgten, Ausgebrannten aller Berufe, an die Ehefrauen, die Liebenden, die Enttäuschten, die Verratenen, die Kinder dieser Verratenen, an all jene, die, ohne es zu wollen, am eigenen Leib erfahren hatten, wie schnell man zum Verräter oder Verratenen wird, und suchte mit den Augen Halt bei Angelina. Sie hielt mein Sehnen aus und ließ mich ihre Hand berühren.

Hände haltend gingen wir in die Bar. Dort stand der Professore am Haustelefon und schrie: „Und wenn Sie unfähig dazu sind, dann trennen sich unsere Wege schneller, als Sie sich vorstellen können. Noch einen Espresso!", rief er wütend, um es sich kurz darauf anders zu überlegen und in Richtung Meer zu verschwinden.

Die vierte Barista-Weisheit
Jeder ist selbst verantwortlich für sein Leben. In den kleinen Pausen wird uns bewusst, dass wir auch Verantwortung für das große Leben haben.

Meine fünfte Espressopause lüftet das Geheimnis der Schlange

Seit heute ist mir bewusst, dass Zeit im Baristaland eine unbedeutende Maßeinheit ist. So unbedeutend und unsinnig wie das Vergleichen, wenn es darum geht, sich selbst und seine Einzigartigkeit lieben zu lernen.

Es fällt mir schwer, mitten in der Nacht, noch betäubt vom Duft des siebten Himmels, Ordnung in meine Erinnerungsbilder des heutigen Tages zu bringen.

Aber der Scrittore in mir will schreiben. Er will all das noch einmal erleben, was ihn in den siebten Himmel führte, was ihn leicht werden ließ wie eine Wolke und beschwingt wie ein Liebeslied. Der Lebenskünstler in mir sitzt neben ihm und genießt den Zauber der Nacht. Wie begann dieser zauberhafte Tag? Nur zögernd tauchen die Erinnerungen auf, wie scheue, fluchtbereite Fische.

Ich kam an diesem Morgen von einem kurzen Strandlauf zurück und ging in die Bar. Der Barista stand wie ein ruhender Fels hinter seiner Bar und hörte geduldig einer jungen Dame zu. Ich stellte mich neugierig daneben und bestellte meinen Espresso.

„Welchen Gewinn hat eine so hübsche Frau wie du, meine liebe Donatella, wenn sie sogar bereit ist, für eine leere Absichtserklärung ihre Ehe mit dem besten Mann der Welt aufs Spiel zu setzen?"
Der Mann neben der jungen Frau nickte eifrig.

Nach und nach erfuhr ich, dass diese Donatella eine Kaffeeverkäuferin war und den Barista seit Jahren mit Espressobohnen versorgte. Vor Kurzem hatte sie einen jungen Chef bekommen, der frischen Wind in die Truppe bringen wollte. Er gab Verkaufsvorgaben, die scheinbar unrealistisch waren und zu einem schlechten Betriebsklima und zu Kündigungen führten. Donatella bekam das Angebot, bei entsprechender Leistung beruflich aufzusteigen. Aber dieses Angebot bekam nicht nur Donatella. Treibjagd um den Winnerposten, nannte der neue Chef das. Seitdem konnte Donatella nicht mehr richtig schlafen und musste pausenlos daran denken, was wohl geschehen würde, wenn sie nicht gewinnen würde.

„Stell' dir vor, ich soll auch dir mehr Espresso verkaufen als du brauchst, Giovanni. Rausverkaufsdruck aufbauen, nennt dieser Kerl das. Ich mag ihn nicht. Aber das Schlimme ist, mein Filippo mag mich auch nicht mehr."

Der Mann neben Donatella blickte wie ein trauriger Hund zu Boden und ergänzte: „Dabei hatte ich vorher mit ihr so viel Freude."

Der Barista schüttelte bedenklich den Kopf: „Traurig, wirklich traurig. Das muss dringend wieder anders werden."

Die beiden nickten erleichtert.

„Aber wie?", fragte der Mann besorgt.

„Den Weg kennen wir schon. Erkennen, verstehen, handeln", antwortete der Barista mit einem sanften, verständnisvollen Lächeln. „Mit jeder Espressopause wirst du ab jetzt die Musterschülerin in dir erlösen. Die hat schon lange genug gelitten. Du wirst eine neue Einstellung zu dir bekommen. Du bist mehr als diese Musterschülerin. Du bist viel, viel mehr. Alle Teile in dir haben ein Recht auf Leben, auch die nicht perfekten. Oft erfreut uns das Unnütze mehr als das Nützliche. In jeder Espressopause wird dir das bewusster werden und dir eine neue Einstellung zu dir selbst und zu der Welt um dich herum ermöglichen. Schließ' mal kurz die Augen. Welche Lebensträume kommen jetzt in dir hoch? Du brauchst nicht zu antworten, nur nach innen zu schauen und die Träume willkommen zu heißen. Versprich ihnen, dass du sie nach und nach lebst, weil du sonst dein Leben versäumst. Solche Pausen sind wie kleine Auszeiten, die dir ermöglichen, dich selbst, deinen Beruf und deinen Chef aus einem neuen Blickwinkel zu sehen. Gönn dir deshalb immer wieder eine kleine Pause. Schau in einen Spiegel. Mach dir klar, wie einmalig du bist. Genieße dich, du bist genau richtig, so wie du bist. Genieße dich in jeder Pause vor dem Spiegel."

Während ich dem Gespräch lauschte, erfuhr ich so ganz nebenbei, wie schnell wir uns selbst fremd werden und nicht mehr wissen, was wir als erwachsene Menschen wirklich brauchen. Wie schnell es geht, dass wir abhängig von den Meinungen und Befürchtungen anderer werden. Wir vergessen jede Fürsorge für uns selbst; nur um der Hoffnung auf Lob und Anerkennung willen vergleichen wir uns, obwohl wir in der Tiefe unseres Herzens wissen, dass wir unvergleichlich und einmalig sind. So entsteht Angststress. Wo Angststress ist, wird es eng für Pausen.

Dann nahm der Barista einen Apfel und eine Birne in die Hand. „Birne, du hast jetzt die Chance, meine Lieblingsfrucht zu werden. Allerdings musst du einen besseren Apfelgeschmack haben als dieser Apfel neben dir. Ich vertraue dir, dass du das schaffst. Enttäusche mich nicht."

Donatella errötete leicht. Ihre Augen wurden feucht. Sie flüsterte ihrem Filippo zu: „Das schafft die Birne niemals."

Der Barista nickte: „Niemals, weil sie ihren eigenen Geschmack hat." Die Frau wurde ruhiger, trank einen Schluck Espresso und genoss die kleine Pause.

Ein wenig später fuhr er fort: „Ich kenne deinen früheren Chef schon lange, und wir sehen uns immer wieder zwischendurch. Seit er selbstständig ist, geht es ihm gut, und er ist erfolgreicher denn je. Ich kenne auch deinen neuen Chef. Er braucht schnelle Erfolge und sucht mit jeder neuen Stelle schon die nächste. Schnelle Erfolge steigern angeblich seinen Marktwert. Warum ging es dir beim ersten Chef gut? Er hat euch alle inspiriert. Das macht stark. Er hat jeden gesehen, wie er war. Das ist Wertschätzung. Er hat seine Kunden gesehen, wie sie waren. Das schafft Vertrauen. Und: Er hat euch alle, auch dich, wirklich gefördert. Das macht frei und schafft neue Kraft. Der neue Chef manipuliert euch. Das raubt Kraft. Bis du das Spiel durchschaust. Äpfel lassen sich nicht mit Birnen vergleichen. Weder im Geschmack noch in der Form. Bei jedem Espresso machst du dir das ab jetzt bewusst, und dann sehen wir weiter."

Dann ging er mit Donatella zum Toilettenspiegel und bat sie, ihm nachzusprechen: „Ich, Donatella, bin genau richtig, so wie ich bin!"

Nach jeder Espressopause sollte sie ab jetzt zum Toilettenspiegel gehen und dieses Geheimnis ihrem Spiegelbild anvertrauen."

Unten am Hafen hatte zwischenzeitlich ein Ausflugsschiff eine lärmende Touristengruppe ausgespuckt, die die Bar überfiel. Ich ging ein paar Schritte nach draußen und spazierte Richtung Strand. Die Touristen waren mir zu viel. Was ich in dieser Morgenstunde erfahren hatte, brauchte freien Raum. Die Luft trug den Dieselgeruch des Ausflugsschiffes zu mir herüber. Ich schaute auf die Wellen. Die Vorfreude auf den Ausflug mit Angelina und Arnoldo fand wieder mehr Raum in mir. Bald würde ich mit den beiden in den Bergen essen gehen. Ich schlenderte langsam zurück.

Ein Auto hielt vor der Bar. Arnoldo. Er hatte das Dach seines schneeweißen Oldtimers geöffnet und parkte wie ein Filmstar direkt vor der Bar. Er sah sich suchend um, bis er mich entdeckte, dann stieg er aus. Ganz in Weiß gekleidet, das Hemd von nahezu unsichtbaren Mustern durchzogen, den Kragen offen. Der Sonnenhut war fein geflochten und hatte ein schwarzes Band. Er nahm die Sonnenbrille ab und fragte mich nach Angelina.

„Sie ist sicher noch oben", antwortete ich.

Arnoldo hupte mehrmals kräftig.

„Ich bin gleich so weit, Onkel!", rief ihm Angelina vom Balkon aus entgegen. Und tatsächlich stand sie kurz darauf schon in der Bar, verabschiedete sich bei allem Trubel von ihrem Vater mit einem gestenreichen, herzlichen „Ciao, Papà! Wir gehen mit Onkel Arnoldo essen. Brauchst du mich noch?"

Der Barista verneinte, und schon stand sie vor uns. Atemberaubend schön. Hautenge Jeans, eine bunte, leicht transparente Bluse, ein großer eleganter Sonnenhut und eine glänzende Designertasche.

„Darf ich Sie um ein Autogramm bitten. Ich habe schon lange auf Sie gewartet", empfing ich sie lachend.

Sie schaute mich von oben bis unten mit strengem Blick an. Da erst merkte ich den Unterschied in unserem Outfit. Ich trug eine kurze Hose, ein T-Shirt und meinen Rucksack in der Hand. Angelinas Blicke entschlossen sich nach einer Zeit des Abwägens, noch einmal gnädig mit mir zu sein.

Wir fuhren mit offenem Verdeck durch weite Olivenhaine, duftende Zitronenplantagen und kleine Kastanienwälder immer höher die Berge hinauf, vorbei an uralten Häusern, aus Naturstein gebaut.

„Diese Rusticos gehören zu uns wie das Meer und die Sonne", erklärte mir Arnoldo.

„Hast du dein Rustico noch?", fragte Angelina.

„Si, si, Angelina. So ein Haus verkauft man nicht."

Voller Begeisterung erzählte mir Angelina, dass Arnoldo dort oben ein wunderschönes, altes Natursteinhaus, ein Rustico eben, direkt an einem kleinen Bergsee habe. Mit einem unvergleichbar traumhaften Blick übers Meer. Hinter dem Haus lagen die Ruinen eines antiken Tempels, der dem Gott Chiron geweiht sein soll, und ein Stück weiter, an den steilen Felswänden angelehnt, ein uraltes Kloster.

Arnoldo träumte laut während der Fahrt: Irgendwann würde er hier oben mal ein Sommeratelier für gestresste Menschen einrichten, damit sie in dieser Ruhe ihre Seele wiederfinden könnten. Oder ein neues Zuhause für Hippokrates von Kos, den berühmten Heiler, der die Menschen wieder die heilende Kraft der Pausen lehren könnte.

„Hippokrates von Kos?", fragte ich erstaunt, „ist der nicht schon zweieinhalbtausend Jahre tot?"

Für Angelina war das überhaupt kein Problem, denn für sie waren solche Leute unsterblich. Arnoldo sah das ähnlich und träumte weiter. Mit dem Abt des Klosters habe er bereits gesprochen. „Der findet das gut und wäre dabei." Auch Giovanni Barista habe die Idee sehr gut gefallen. Einen Namen gäbe es auch schon: „Baristaland" würde er diese Ruheinsel nennen.

„Bitte zeige doch dem Scrittore dein Haus, bevor es ein neues Epidauros wird", bat Angelina.

„Einverstanden, nach dem Essen machen wir auf dem Nachhauseweg den kleinen Umweg, Angelina."

Arnoldo hielt vor einem burgähnlichen Gebäude. „Ristorante Medusa" stand auf einem großen Stein am Eingang des weitläufigen Hofes. „Marco hat das beste Ristorante weit und breit. Auch er wäre übrigens bei unserer Baristaland-Idee dabei."

Wir stellten das Auto ab und gingen Richtung Ristorante. Marco, der Chef erwartete uns schon.

„Arnoldo, ich freue mich immer, wenn du mir die Ehre erweist. Und du Angelina, bist für uns alle der Schlüssel ins Paradies! Schön, dass auch wir uns kennenlernen, Signore Scrittore. Schon viel von Ihnen gehört."

Ich wunderte mich, woher er mich kannte, fragte aber nicht nach.

Marco begleitete uns zu einem Tisch auf der Terrasse unter einem uralten Olivenbaum. Der Blick über das Meer und die Landschaft zu unseren Füßen war märchenhaft.

„Ist das nicht das geborene Pausenland?", fragte mich Arnoldo.

Auch meine Begeisterung kannte keine Grenzen. Angelina ging ein paar Schritte zum Geländer und wippte, einen Tanz andeutend, langsam zur leisen Klaviermusik hin und her. Ich konnte nicht anders als mich an ihre Seite zu stellen und mitzuschwingen. Der Duft ihres Parfums streichelte meine Sinne zeitlos lange. Eine dieser Pausen, die ich nicht nur zeitlos, sondern auch göttlich nenne.

„Wollt ihr gleich bestellen?", fragte Arnoldo.

Ich wollte mich umdrehen, aber Angelina antwortete einfach für mich mit: „Zio, keiner kennt sich besser in den Geheimnissen dieser Küche aus als du: Bestelle doch für uns, einen besseren Ratgeber gibt es nicht."

Arnoldo lachte: „Diese Frauen. Schon früh gewöhnen sie uns das Neinsagen ab."

Dann diskutierte er lebhaft mit Marco über die richtige Speisenwahl und Reihenfolge und die passenden Getränke. Und Angelina genoss auf ihre Art das Fest der Vorfreude. Sie tanzte mit mir. Aus dem Fest der Vorfreude wurde ein Fest für die Augen, dann der Gaumenfreuden und der Sinnlichkeit und schließlich ein Fest des Dionysos, des Gottes der Lebensfreude.

Nach dem Essen bat uns Arnoldo um Verständnis für seine Bitte, wieder heimzufahren. Viel zu früh für Angelina und mich.

„Was bedeutet eigentlich Medusa?", versuchte Angelina den Aufbruch hinauszuzögern.

„Diese Medusa war eine scheußliche, gefürchtete Person. Für dich als Psychologin ist sie so etwas wie die Schattenseite einer schönen Frau: Eifersüchtig, neidisch, gierig. Ein alter griechischer Mythos. Wie alle Mythen ist auch dieser eine Einweihung in ein Geheimnis." Angelina wollte mehr wissen. „Welches Geheimnis? Erzähl' mir mehr darüber. Bitte!" Arnoldo ließ sich auf Angelinas Flehen ein: „Hinter diesem Mythos versteckt sich eine Lösung für die Menschen, die darunter leiden, nicht mehr lieben zu können. Wer nicht mehr lieben kann, für den besteht die Welt nur noch aus Feinden, die vernichtet werden müssen. Im Medusa-Mythos erleben wir, wohin so ein Leben führt: in den Tod. Tod bedeutet aber auch Wandlung. Wandle dich oder du wirst zugrunde gehen. Die Götter belohnen deinen Mut mit Lebensfreude und Gesundheit."

Mir fiel der Professore ein.

„Arnoldo, wie weit ist dein Haus vom Ristorante entfernt?", wollte ich wissen.

Arnoldo brauchte nicht lange zu überlegen: „Ein paar Minuten. Warum?" Das schien Angelina auf eine Idee gebracht zu haben: „Darf ich dem Scrittore dein Haus einmal zeigen? Danach würden wir zu Fuß zurücklaufen."

Arnoldo war sofort einverstanden. So konnte er gleich nach Hause weiterfahren. Er gab Angelina den Schlüssel und bat uns, uns als seine Gäste zu fühlen.

„Scrittore, da fällt mir ein, wenn Sie wollen, können Sie sich auch da oben einquartieren. Also seien Sie mein Gast."

Angelina bedankte sich für mich. Ich war sprachlos über so viel Vertrauen. Arnoldo verabschiedete sich hupend: „Ich sag' deinem Papà Bescheid", rief er uns nach.

Wir gingen Hand in Hand dem Haus entgegen.

Zuerst überbrückten wir die Reste von Fremdsein mit Angelinas Interpretationen der Mythen und meinen Fragen zu Hippokrates von Kos, zu Epidauros und Chiron, der alle heilen konnte, nur sich selbst nicht und auf der lebenslangen Suche nach Heilung so viel Erfahrung sammelte, dass er zum berühmtesten Arzt des Altertums wurde. Ich erfuhr auf den Ruinen des Chirontempels stehend von ihr das Geheimnis der zwei größten Tragödien des Menschseins, wie sie der weise Sokrates seinen Schülern erklärte.

„Die eine Tragödie ist die, sein Ziel zu verfehlen. Die andere, sein Ziel zu erreichen. Letztere aber ist die größere von beiden Tragödien! Um auf die Fragen hinter den Fragen Antworten zu finden, braucht es immer wieder kleine Pausen."

Dann standen wir vor dem See. Direkt daneben, angelehnt an einem mächtigen Kastanienbaum, lag Arnoldos Rustico, halb versteckt hinter einer mächtigen Pergola aus uralten Weinreben. An einer der Wände eine blühende Bougainvillea. Mein Blick wanderte vom Haus über den See. Von der hinteren Seite des Sees leuchteten rote Seerosen herüber.

Angelina öffnete die Eingangstür und bat mich herein: „Nicht so schüchtern, mein Freund. Dieses Haus freut sich auf dich."

Sie zeigte mir alle Zimmer mit ihren vielen kleinen Überraschungen.

„Das ist Arnoldos Umkleideraum. Das war mein Lieblingsraum, als ich noch ein Kind war. Komm mit."

Angelina holte ein paar Kleidungsstücke heraus und forderte mich auf, einige davon anzuprobieren. Immer wieder verschwand ich, um in einem anderen Outfit herauszukommen.

Dem Regisseur in mir gefiel dieses Spiel der Verwandlungen, und Angelina lachte aus vollem Herzen. Danach erfand sie ein anderes Spiel.

Von irgendwoher rief sie: „Such mich!"

Ich ging nach draußen, entdeckte Angelina im See tollend und zögerte nicht lange, zog mich aus und sprang kopfüber ins Wasser. Es fühlte sich wohltuend warm an. Angelina tat, als wollte sie mir davonschwimmen, aber bald ließ sie es zu, dass ich sie an den Füßen festhalten konnte. Sie wehrte sich, zappelte und kreischte vor Freude. Und ich? Ich konnte nicht anders, als sie an mich zu drücken. Wie wunderbar sich das anfühlte und wie vertraut und wohltuend nah.

Wir spielten uns in den siebten Himmel hinein. Alles durfte geschehen. Alles. Und doch musste nichts geschehen. Es war gut so, wie es war. Von der Klosterkirche her tönten die Kirchturmglocken und erinnerten uns daran, dass es Abend werden wollte. Wir schwammen zum Ufer zurück. Irgendwann waren wir wieder am Haus. Ganz achtsam, so als wäre sie der größte Schatz der Welt, zerbrechlich, geheimnisvoll und wunderschön, trocknete ich sie ab.

„Komm' lass uns diese Nacht gemeinsam hier verbringen", bat ich. Ich musste Angelina nicht lange überreden.

Die fünfte Barista-Weisheit

Du bist genau richtig, so wie du bist.
Genieße dich immer wieder neu
in den Pausen.

Meine sechste Espressopause braucht keinen Espresso und keine Weisheit. Diese Pause ist Alles in Allem.

Meine siebte Espressopause
führt mich zum Geheimnis der Bäume

Es gibt Tage, deren Bedeutung erschließt sich nur in der Rückschau, und Tage, deren Schicksalhaftigkeit erkennen wir erst mit dem nötigen Abstand. Es gibt aber auch Tage, da ahnen wir schon beim Erwachen, dass eine besondere Kraft in ihnen liegt. So ein Tag war der heutige. Er glich einer kleinen Pause, die mich zuerst so leicht werden ließ, als würde ich, an tausend Luftballons hängend, durch das Leben getragen. Aber dann kippte die Stimmung. Der kleinen Pause ging die Leichtigkeit verloren. Es war mir, als würde zwar immer noch die Sonne in mir scheinen, aber etwas war dabei, sich zu verändern. Der Wind fühlte sich anders an. Die Vögel flogen aufgeregter und die Wellen bewegten sich auffallend ruhig. In mir wuchs die Angst vor einem Absturz, wie ich ihn so bis jetzt noch nicht kannte. Was war geschehen? Vielleicht hilft mir der Scrittore jetzt beim abendlichen Schreiben, mich, Angelina und diesen Tag besser zu verstehen.

Nachdem gestern, aus gutem Grund, der ganze Tag auf einen kleinen gelben Merkzettel passte, will ich deshalb dem Scrittore in mir heute wieder mehr Zeit zum Schreiben geben. Seit gestern hat er auch neue Verbündete, die ihn beim Schreiben inspirieren und unterstützen können: den Poeten und den Verliebten, der am frühen Morgen immer noch im siebten Himmel schwebte.

Auch der Poet in mir schwärmte heute Morgen noch von der Vielfalt der Natur und davon, dass Frauen wie blühende Sommerwiesen seien und für jede Überraschung gut. Er erzählte von seiner Erkenntnis, dass kein Grashalm dem anderen gleicht und keine Blüte wie die andere ist. Er sang von der millionenfachen Einmaligkeit der Natur, der Frauen und der Augenblicke und davon, dass jedes Jahr die gleiche Wiese wieder anders aussieht als im Vorjahr.

„Immer wieder, liebe Wiese, überraschst du mich neu: Im Winter ist deine Stimmung anders als im Frühjahr oder Herbst. Der Duft deiner Kräuter ändert sich mit dem Wetter und mit meiner eigenen Stimmung. Die gleiche Pflanze wächst auf jedem Boden anders. Im Schatten eines Baumes entwickelt sich selbst die Rose, die Königin der Blumen, nicht so, wie sie es in einem Steingarten tun würde. Und doch trägt sie den gleichen Namen wie ihre Artgenossinnen überall auf der Welt." Ja, so oder so ähnlich höre ich immer noch die Stimme des Poeten in mir und beobachte andächtig das, was sich da, beim abendlichen Schreiben, aus der Erinnerung heraus in Worte fasst.

In den Worten des Poeten schwingt die Weisheit des Barista mit, die er in den vergangenen Tagen aufgesogen hatte, wie eine Biene den Nektar.

Und der Verliebte in mir? Zuerst leises Seufzen. Dann tritt er auf die innere Bühne. Still, nachdenklich, inspiriert auch er den Scrittore in mir zu einem Rückblick auf den vergangenen Tag. Und wieder formen sich die Worte. Aber anders gefärbt:

Angelina trank nach unserer ersten gemeinsamen Nacht ihren Espresso eng an mich geschmiegt. Wir saßen an diesem Morgen zwar in der Bar, aber in unserer Vorstellung lebten wir mitten im Paradies.

Angelina kam auf die Idee, aus Karton Glücksmasken zu basteln. Bunte lachende Gesichter, so groß wie ein Menschengesicht.

„Immer wenn wir vergessen, dass wir uns lieben, setzen wir diese Maske auf, und die Liebe lacht uns an", erklärte sie mir den Sinn.

Die Idee gefiel mir. Trotz der Glücksmasken wollte ich aber die große Kraft der Pause für die Liebe nicht vergessen.

„Wenn wir genügend kleine Pausen machen, braucht die Liebe vielleicht keine Glücksmasken, dann sind wir im Herzen glücklich."

„Oder die Glücksmasken erinnern uns daran, dass wir eine kleine Pause brauchen. Also lass uns Glücksmasken basteln, so wie Künstler ihre bunten Sommerbilder für dunkle Zeiten malen."

„Ich hol uns eine Schere", flüsterte ich Angelina zu, als es darum ging, Löcher für die Augen aus dem Karton herauszuschneiden, damit wir uns auch sehen konnten.

Ich stand auf, um den Barista darum zu bitten. Der war in lebhaftem Gespräch mit einer jüngeren Dame, die seine Tochter hätte sein können. Er stellte mich vor und erklärte mir, dass sie eine Astrologin sei. Mit Astrologie hatte ich keine guten Erfahrungen gemacht. In den Zeitungen und Magazinen stand viel Unfug über meine Zukunft. Ich las Horoskope deshalb bestenfalls noch zur Erheiterung. Manchmal, wenn ich mir bei einer Entscheidung von großer Tragweite nicht sicher war, las ich im Horoskop nach, was mich bezüglich Geld, Gesundheit und Liebe erwartete. Das Gute nickte ich ab, das vermeintlich Schlechte versuchte ich zu verdrängen. Allerdings gelang mir das weniger gut, als das Gute zu vergessen. Und nun saß ich etwas unsicher neben einer Sternendeuterin und hörte, wie der Barista beruhigend auf sie einredete.

„Magdalena, sei nicht so streng zu dir. Schau, dieser junge Scrittore neben Angelina haderte auch mit seinem Schicksal, als er sein Auto vor ein paar Tagen hier in die Werkstatt bringen musste. Du siehst selbst, wie schnell aus Unglück Glück werden kann."

Magdalena schaute mich genauer an.

„Meine Kunden sind eben so. Sie glauben, ich bin schuld, wenn es das Schicksal vermeintlich nicht gut mit ihnen meint. Dabei lese ich ihnen doch nur vor, welche Aufgaben ihnen das Leben mit auf dem Weg der Reifung mitgegeben hat. Die Natur macht es uns doch vor. Erst durch den scheinbaren Umweg über den Samen entsteht die Vielfalt. So ist es eben auch bei uns Menschen. Auch bei uns entpuppen sich scheinbare Umwege im Nachhinein erst als Segen. Aber meine Kunden wollen immer nur die reifen Früchte und nicht den Samen. Wenn ich ihnen sage, dass ihr Schicksal zum einen das Ergebnis eines von ihnen gelebten Lebens ist und zum anderen eine schicksalhafte Aufgabe, die sie anzunehmen lernen müssen, um daran zu reifen, werfen sie mir vor, sie nicht zu verstehen. Vielleicht bin ich wirklich nicht gut genug im Erklären. Aber soll ich warten, bis ich gut genug bin? Du hast doch gesagt, dass selbst deine Katze erst durch Übung einer Meisterjägerin wird."

Der Barista nickte verständnisvoll, als sei er solche Vorwürfe gewohnt.

„Jetzt trink' erst mal einen Espresso. Die nächsten fünf Espressopausen empfehle ich, dass du dir über das Schicksal der Pflanzen Gedanken machst. Wie frei ist eine meiner Margeriten da draußen, neben der Tür? Wie frei ist der Olivenbaum da vorne? Lass es mich an einem Beispiel erklären: Ein guter Gärtner, der über den geheimnisvollen, genetischen Fahrplan der Oliven Bescheid weiß, kann voraussagen, dass Olivenbäume ein bestimmtes Klima brauchen, ebenso wie eine bestimmte Wachstumszeit. Er kann voraussagen, wie viel Zeit sie brauchen, um erntereif zu werden. Wenn das alles eintrifft, ist das der sichtbare Beweis, dass er sich in seinem Beruf auskennt. So ähnlich ist es in jedem Beruf. Du bist dann eine gute Astrologin, wenn du die Grenzen und Möglichkeiten deines Berufes kennst. Als gute Astrologin weißt du zum Beispiel, dass die Sternzeichen Symbole für Lebensthemen sind, die jeder von uns als Aufgabe bekommt. Du weißt auch, dass Hindernisse und vermeintliche Schwierigkeiten auf unserem Lebensweg unserer Reifung dienen sollen. Du weißt, dass die Astrologie ein Erklärungsmuster für die Menschen ist, die mit den Geheimnissen des Lebens so ihre Schwierigkeiten haben und Orientierung brauchen. Wenn du danach handelst, hast du gute Chancen, auch von Laien als gute Astrologin gesehen zu werden. Glaubst du allerdings, für den Lauf der Sterne verantwortlich zu sein oder für die Lösung der Lebensthemen deiner Klienten, dann machst du dich größer als du bist. Dann bekommst du Schuldgefühle. Schuldgefühle wollen dir zeigen, dass du dich größer und wichtiger machst als du bist. Auch das gilt für jeden Beruf.

Selbst der beste Gärtner hat keinen Einfluss auf das Wetter, die Jahreszeiten oder den Ort, an dem die Olive heranreift. Auch hat er keinen Einfluss auf die Pflege und Hege des Olivenbauern. Er kann sich trotzdem schuldig fühlen, dass aus einer Kastanie kein Olivenbaum wurde, aber dann bräuchte er zwanzig

Espressopausen, um diese Schuldgefühle aufzulösen." Magdalena nickte. Sie schien zu verstehen. Auch ich verstand das, obwohl ich kein Astrologe war.

Der Barista fuhr fort: „Schuldgefühle sind wie ein Bermudadreieck. Zusammen mit Zwängen und Ängsten ergeben sie einen Hurrikan, der jedes Lebensschiff in den Abgrund reißen kann. Was für deinen Klienten gilt, das gilt natürlich auch für dich und will genauso erkannt und erlöst werden. Kennst du Arnoldos Hund? Nein? Der wuchs in einem Hundezwinger auf. Seit er zu Arnoldo kam, hat er keinen Zwinger mehr gesehen. Trotzdem verhält er sich noch so, als würde er in einem Zwinger die Nacht verbringen müssen. Und wenn Arnoldo mit ihm schimpft, dann winselt er kleinlaut und schaut ihn mit großen Hundeaugen traurig an. Das Schicksal, das er durch seinen brutalen Vorbesitzer erfuhr, wird er nie ganz vergessen. Er weiß nicht mehr, wie stark er ist, er winselt ängstlich, wenn jemand mit einem Stock auf ihn zukommt. Und selbst wenn Arnoldo ihn von der Leine nimmt, läuft er brav neben seinem Herrn. Er ist dressiert.

Auch wir sind das. Nur wollen wir das nicht wahrhaben. Wie viel Handlungsfreiheit Lebewesen, also auch wir Menschen, überhaupt haben, darüber streiten sich die Gelehrten. Sicher ist es auch eine Frage des Bewusstseins und der Pausen. Weil sich unser Gehirn nur in den Pausen weiter entwickeln kann, können wir auch nur in den Pausen die Wunden, die uns das Leben schlug und die Folgen dieser Wunden, also unsere Schwächen, unsere Schuldgefühle, Zwänge und Ängste zu Freunden werden lassen. Glückt uns das, werden diese Wunden zu unseren großen Schätzen. Sag' deinen Klienten, dass du einen reichen Erfahrungsschatz von Schuldgefühlen hast. Sag ihnen, dass du aus eigener Erfahrung weißt, wie daraus Verantwortung und Fürsorge für sich selbst werden kann. Sag ihnen, dass du diesen Beruf freiwillig und aus Liebe zu ihnen machst. Auch als Astrologin bist du dem Leben nichts schuldig. Das Schicksal ist größer als du. Du musst dich nicht für andere aufopfern, auch nicht die Retterin spielen, erst recht nicht die Helferin. Du bist dem Leben nur eines schuldig: dass du es genießt. Es ist dein Leben. Du kannst keine andere sein als du selbst. Wie heißt du?" Die Astrologin stutzte: „Das weißt du doch. Ich heiße Magdalena!" Der Barista sah ihr fest in die Augen: „Ab der sechsten Espressopause sag' zu dir: ‚Ich, Magdalena, bin wertvoll und liebenswert. Ich weiß, dass ich als Astrologin so gut bin, wie es mir möglich ist. Besser kann ich nicht sein. Besser und größer muss ich auch nicht sein. Ich weiß, dass mein Schicksal immer größer ist als ich! Und ich weiß, dass jeder meiner Klienten die Freiheit hat, meinen Rat anzunehmen oder nicht. Das erlöst deine Schuldgefühle, meine liebe Magdalena. Schuldgefühle reden uns ein, größer sein zu müssen als wir wirklich sind. Dahinter steht oft der Irrglaube, minderwertig zu sein. Also: Espressopausen sind gute Gelegenheiten, alte Schuldgefühle anzuschauen und langsam zu erlösen."

Schließlich gab Magdalena zu, dass sie die Pausen fürchtete, weil gerade in der Ruhe Ängste und Schuldgefühle hochkamen, und die wollte sie nicht anschauen. Aber jetzt würde sie diese Schuldgefühle auszuhalten lernen, bis sie diese als Schätze zu schätzen wisse.

„Wo bleibt die Schere, Scrittore!", rief Angelina von ihrem Tisch zu uns herüber „Du bist schuld, wenn ich auf dem Weg zu dir in deine Arme falle, weil ich noch keine Augen aus meiner Glücksmaske schneiden konnte." Sie lachte dabei so herzlich, dass mein Herz noch offener wurde als es schon war.

Ich nahm die Schere, die mir der Barista bereitgelegt hatte, und brachte sie Angelina. Sie bedankte sich höflich und fragte in Richtung Astrologin: „Magdalena, kannst du mir ein Liebeshoroskop erstellen?" Dann redeten sie noch darüber, was dazu alles nötig wäre. Bis zu diesem Zeitpunkt ging es mir wie vielen anderen, die glaubten, dass nur das Geburtsdatum genügen würde.

Die Astrologin nahm ihr Laptop, fragte uns beide jeweils nach Geburtstag, genauer Geburtszeit und wollte auch noch den genauen Geburtsort wissen. Dann gab sie unsere Daten in den Computer ein. Währenddessen beobachtete ich, wie ein Schmetterling versuchte, durch das geschlossene Fenster in die Freiheit zu gelangen. Immer wilder und aufgeregter wurde sein Versuch auszubrechen. „Pausen sind Unterbrechungen, die dir neue Einsichten geben", sagte ich leise vor mich hin. Der Schmetterling schien diese Aufforderung verstanden zu haben. Er beruhigte sich, pumpte sich kurz mit neuer Kraft auf und flog durch die offene Tür nebenan ins Freie.

„Schmetterlinge leben uns die Kunst der Pause vor", rief ich, begeistert von meiner Erkenntnis.

„Und Liebende auch!", ergänzte Magdalena, während sie ganz langsam Schluck für Schluck ihren Espresso trank und dabei die geheimnisvollen Zeichen auf dem Laptop studierte.

Mir kam es vor, als wäre sie schon mitten in ihrem ganz eigenen kleinen Espressogeheimnis. Nachdem es so aussah, als ob sie fertig wäre und noch einen Schluck Wasser nachgespült hatte, schob sie das Laptop näher zu sich, gab noch einige ergänzende Daten ein und rief schließlich Angelina zu sich. Sie sprachen erst ein wenig über Aszendenten und Oppositionen, Planeten und Mondknoten, um dann zum Eigentlichen zu kommen.

„Es kann sein, dass dir zurzeit alles mühsam und schwer vorkommt. Das ist der Saturn. Das wirst du noch einige Zeit spüren, so, als müsstest du gegen den Strom schwimmen. Das ist beschwerlich. Dahinter steht die Frage: Was ist mir jetzt wichtig? Da, schau', Saturn, Quadrat Mond. Du fühlst dich vielleicht bald unverstanden und ungeliebt. Es geht um Entscheidungen und um Ohnmacht. Mach' Hausputz. Schau' dir deine Beziehungen genauer an, aber in Ruhe und in großer Achtsamkeit. Das sieht ein bisschen nach Prüfungen auf einer Reise zur inneren Königin aus."

Angelina rutschte nervös auf dem Stuhl hin und her.
„Was heißt das, Magdalena?"

Magdalena blieb äußerlich ganz ruhig, obwohl etwas in ihr in Unruhe schien. Sie griff schnell zum Espresso, den der Barista ihr hingeschoben hatte. Das gab ihr die Ruhe zurück.

„Die Prinzessin will zur Königin werden. Es geht darum, wirklich erwachsen zu werden. Es geht um Entscheidungen!"

Angelina war noch nicht zufrieden: „Was steht noch im Horoskop? Geht es auch um Entscheidungen in der Liebe?"

Magdalena antwortete zögernd: „Entscheidungen sind immer auch Trennungen. Siehst du?" Magdalena zeigte am Laptop auf ein paar Linien. „Du bist schon mitten drin in deinem Prozess. Verliebt zu sein heißt nicht, auch lieben zu können. Das lernst du jetzt. Aus Angst vor Trennung an Beziehungen festzuhalten bedeutet, das eigene Wachstum zu verhindern. Das ist, als würdest du ein Dach über einen Baum bauen, damit er nicht weiter wächst. Aber ein Baum, der nicht wachsen kann, entwickelt in der Tiefe auch seine Wurzeln nicht weiter. Also loslassen und vertrauen."

Der Barista mischte sich lächelnd ein: „Es gibt Weisheiten, die sind so alt wie die Menschheit. Manche davon stehen sogar in den Sternen geschrieben. Erinnerst du dich an unser Gespräch, Angelina? Wenn du etwas festhältst, verlierst du es. Das meint nicht nur das Horoskop. Das lehren uns auch die kleinen Pausen. Lass' los, trau' dich, damit immer wieder dein neues Leben sichtbar wird. Selbst für dich gilt: Pausen lehren dich, immer wieder loszulassen, damit dich das Schicksal neu beschenken kann."

Angelinas Glücksmaske verrutschte beim angestrengten Zuhören. Sie sah nichts mehr, schien aber auch blind alles verstanden zu haben. Jedenfalls nickte sie immer wieder.

Ich hatte zwar ebenfalls alles gehört, was die Astrologin gesagt hatte, aber fast nichts davon verstanden, nur dass es um Trennung ging. Um Trennung? Das wäre doch viel zu früh!

Ich schaute Angelina an und fragte: „Glaubst du wirklich an Horoskope?"

„Ich glaube an die Weisheit unserer Ahnen. An Hokuspokus glaube ich nicht."

Diese Überzeugung hatte sie sicher von ihrem Vater. Also hatte es keinen Sinn, dagegen zu reden. Wie gut es mir tat, dass sie sich die ganze Zeit fest an mich drückte.

Ich werde nie vergessen, wie bei aller Nähe in diesem Augenblick ein Gefühl von Endlichkeit in mir auftauchte. Der Verliebte in mir spürte einen kalten Wind von Abschied.

Jetzt beim abendlichen Schreiben diktiert mir der innere Poet noch einmal die Worte, die zu den morgendlichen Gefühlen passen: „Und vielleicht ist schon bald beendet, was uns kaum begonnen schien …" Aber noch sind wir ein Paar. Ein Paar, das um die Endlichkeit seiner Zeit weiß und um das Geschenk, das darin verborgen liegt: Wer um die Endlichkeit des Verliebtseins weiß, für den werden die Augenblicke kostbarer denn je. Wissend oder besser ahnend, dass in jedem Neubeginn schon der Abschied verborgen liegt, versuche ich schreibend mehr von dieser Ahnung zu begreifen und mich zugleich zu trösten:

Es gibt Pausen, da fließen traurige Bilder in unser Leben hinein, und die Farben wirken fremd. Es gibt aber auch welche, die unterbrechen die Traurigkeit und öffnen die Fenster für neues Licht. Manche Pausen sind wie Türen, durch deren Schlüsselloch wir glauben, in geheimnisvolle neue Räume schauen zu können. Aber was wir sehen, kommt uns bekannt vor. Abschied und Neubeginn. Das Neue ist die eigene Betroffenheit. Und dass wir durch diese eigene Betroffenheit das Gewohnte mit erleuchteten Augen sehen. Sie erleuchten beispielsweise das Geheimnis der Liebe, geben einem Satz aus früheren Zeiten eine neue Tiefe: Seit ich weiß, dass ich dich verlieren kann, wird mir bewusst, wie sehr ich dich liebe!

Was sollen die Tränen, mein lieber Poet? Gönnen wir uns eine kleine Pause, einen Blick auf den Sonnenuntergang, auf das abendliche Meer, auf die schaukelnden Schiffe, die Natur. Versuchen wir den Blick zu weiten, das befreit, macht jeden Augenblick einzigartig. Hörst du dieses Wort: Einzigartigkeit? Wenn alles in der Natur einzigartig ist, vom Grashalm über die Bäume im Wald bis zum Wassertropfen, warum sollen da nicht auch der Mensch, seine Beziehung zu anderen Menschen, seine Geschichte einzigartig sein? Und doch findet sich in all der Einmaligkeit Gemeinsames: Werden und Vergehen, Trennen und Vereinen, Krankheit und Heilung. Die Uhrzeit ist dabei nur eine künstliche Maßeinheit, in der wir lernen, dass alles fortschreitet und nichts bleibt, wie es ist. Loslassen und im Fluss des Lebens bleiben, statt sich in der Nostalgie zu verlieren, darum geht es im Leben. Denk daran, Pausen wollen dich erinnern, immer wieder loszulassen, damit du nicht im Gestern stehen bleibst.

Ich bin mir nicht sicher, ob diese Sätze einen traurigen Verliebten wirklich trösten können, aber in meiner Erinnerung, jetzt an diesem Abend, spüre ich wieder die Wärme, die von Angelinas Hand ausging. Ich spüre wieder, wie Angelina heute morgen meine Hand fester als sonst hielt, und ahne, wieder wie heute Morgen, wie zerbrechlich die Liebe sein kann und auch das Leben. Ich spüre, dass ich wieder tief eingetaucht bin in die Welt von heute Morgen, in die Welt der Erinnerung und schreibe genau so, als ob die Erinnerung die Wirklichkeit wäre. Aber ist Wirklichkeit nicht das, was in uns oder auf uns im Augenblick wirkt?

„Jetzt wäre ein Espresso gut", hörte ich Angelina sagen.

Einerseits spürte ich heute Morgen so etwas wie Wut auf Magdalena, wollte aber andererseits wissen, ob es einen anderen gab, mit dem ich um Angelina kämpfen sollte. Gleichzeitig wollte ich ihre Leidenschaft und ihre Angst spüren und vor allem wollte ich sie trösten. Jeder meiner Atemzüge wurde zu einem torkelnden Schmetterling. Jede Berührung zu einem Windhauch, der über das Gras streicht. Wie gestern, als wir spät am Abend nach Hause spazierten und versuchten, unsere eigenen langen Schatten zu fangen.

„Wenn wir einen Riesen sehen, kann es sein, dass es der Schatten eines Zwerges ist", sagte Angelina, als ich sie fragte, ob sie lieber einen Riesen oder einen Zwerg erhören würde. Dann hatte sie sich gefasst und lachte: „Ich erhöre den, der mit mir am besten rückwärts laufen kann. Denn Liebe braucht Zeit. Mit Rückwärtslaufen lernst du Geduld und Achtsamkeit. Beides brauchst du auch in den Pausen. Liebe, wahre Liebe, braucht auch Pausen."

Also gingen wir noch einmal hinaus und übten das Rückwärtsgehen, zuerst mit offenen und dann mit verbundenen Augen, nur unterbrochen durch Zärtlichkeiten. Ich fand, dass wir gut zusammenspielten. Angelina drückte sich um eine Wertung. Sie lächelte nur.

Draußen, wo wir heute Morgen übermütig übten, ist es jetzt am späten Abend menschenleer.

Die siebte Barista-Weisheit
Wenn du etwas festhältst,
verlierst du es. Pausen lehren dich,
immer wieder loszulassen, damit du
vom Schicksal neu beschenkt
werden kannst.

Meine achte Espressopause
führt mich zum Geheimnis der Waage

Über eine Woche bin ich nun schon im Baristaland. Keinen Tag wollte ich bisher missen. Die Zwangspause entwickelte sich zu einer Liebesreise. Aber was soll jetzt daraus werden?

Der Strandschreiber der Nacht, zuerst still, jetzt schreibend. Noch einmal dieser Satz, der mich seit gestern immer wieder begleitet: „Seit ich weiß, dass ich dich verlieren kann, wird mir bewusst, wie sehr ich dich liebe." Ich schreibe es nicht nur in das Pausentagebuch. Ich schreibe es auch in den Nachthimmel über mir, damit niemand meine Liebeserklärung stehlen kann. Irgendwann habe ich mal gelesen, dass so die Astrologie entstanden sei. Die Weisen und Sterndeuter schrieben ihre Weisheiten in den Sternenhimmel und erfanden dazu Geschichten, die dem Mächtigen nur eine Unterhaltung, dem Suchenden auf seiner inneren Reise aber eine Einweisung sein wollten. In diesen Geschichten ging es immer um jugendliche Helden, die auf ihrem Weg ins Erwachsenwerden allerlei Abenteuer bestehen mussten, um dann mit einem großen Schatz belohnt zu werden.

Vielleicht gehört zum Geheimnis des Erwachsenwerdens ja auch die Entdeckung der kleinen Pausen, in denen wir uns und anderen für ein paar Augenblicke nichts beweisen müssen. Vielleicht warten wir immer noch auf den Beginn der Reise, ohne zu wissen, dass sie schon bald zu Ende ist. Vielleicht sind äußere Reisen nur das Spiegelbild innerer Reisen, so wie die Baumkrone nur das Spiegelbild der Wurzeln ist. Vielleicht ist die Entdeckung des Baristalands schon der Beginn meiner inneren Reise auf dem Weg zum so genannten Ernst des Lebens. Vielleicht ist diese kleine Pause hier am nächtlichen, vom

Vollmond beleuchteten Strand bereits ein Teil meiner Heldenreise. Die inneren Bilder überschlagen sich. Vielleicht ist die Begegnung mit dem Barista das Zusammentreffen des jugendlichen Helden mit dem weisen Ratgeber. Und die Konfrontation mit dem Professore die Auseinandersetzung mit dem schwarzen Ritter, also meinen eigenen unbewussten Schwächen? Vielleicht ist die Begegnung mit Angelina das Zwiegespräch mit meiner eigenen Sehnsucht, aus der die große Liebe werden will?

In einem dieser schlauen Bücher habe ich irgendwann gelesen, dass wir Männer uns danach sehnten, unsere weibliche Seelenhälfte zu finden. Bei den Frauen sei es die männliche. Das Schicksal würde uns immer wieder über scheinbare Umwege und durch große Prüfungen führen. Auf diese Art würden wir unsere Grenzen erfahren, uns von falschen Vorbildern befreien und Wesentliches von Unwesentlichem zu unterscheiden lernen. Wir würden vor allem lernen, dass es im Leben nicht nur um Kämpfen und Machen geht, sondern vor allem darum, geschehen lassen zu können, abzugeben, aber auch sich hinzugeben, sich als Teil der Natur zu erkennen und von ihr zu lernen.

Ein Teil der Natur zu sein hieße, dass alles in Bewegung ist, dass alles seine Zeit hat, dass im Zenit des Tages schon der Beginn der Nacht verborgen liegt und sich in der größten Dunkelheit bereits ein leichtes Dämmern versteckt. Ein Teil der Natur zu sein hieße auch, den Unterschied zwischen Wasser und Stein oder zwischen Land und Meer zu erkennen. Und zu lernen, dass wir mehr sind als das, was man von uns sieht. Unsere Antworten auf all die entscheidenden Fragen auf unserem Weg ins Erwachsenwerden bekämen wir nur in den Pausen. Pausen würden uns helfen, unsere inneren Prüfungen zu bestehen. Der Lohn dieser bestandenen Prüfung wäre die heilige Hochzeit, also die Verbindung mit unserer unbewussten Seelenhälfte. Nach bestandenen Prüfungen würde sich diese Verbindung der Gegensätze schließlich in eine große Liebe wandeln. Der Schatz, den es auf diesem Lebensweg zu finden gilt, versteckt sich also in den kleinen Pausen. Kleine Pausen öffnen uns den Blick in eine neue Einsicht. War dies nicht auch die Botschaft des Barista? Dann ist ein

Teil des Schatzes, der sich in den kleinen Pausen versteckt, vielleicht auch die Einsicht in das, was uns wirklich fehlt.

Was fehlt mir wirklich? Während ich diese Frage zu Papier bringe, hält mein Gedankenstrom inne und fordert eine kleine Pause. Auf einmal weiß ich wieder, was mir fehlt: Angelina!

Sie wollte noch ein paar Schritte allein am Strand spazieren gehen. Zuerst fühlte ich mich schlecht bei dem Gedanken, allein zu sein. Jetzt fühle ich mich durch all das, was ich in dieser Zeit, während ich auf sie warte, aufschreiben konnte, von dieser Pause reich beschenkt.

Kleine Pausen haben oft eine große Wirkung. Sie sind Gelegenheiten zum Innehalten, damit eine andere Wirklichkeit entstehen kann. Diese innere Stimme gehört wahrscheinlich dem weisen Barista-Anteil in mir oder dem Macher. Oder dem Kind in mir? Ich bekomme eine Ahnung davon, wie viele ungelebte Teile in mir stecken, die noch darauf warten, aus dem Keller ans Tageslicht zu kommen, um sich wie ein Samenkorn zu entfalten. Geht es nicht bei jedem von uns darum, die verschiedenen Teile, die uns erst zur ganzen Persönlichkeit machen, ins Leben zu bringen? Nur auf diese Weise werden sie zu unserem Schatz und bereichern unser Leben. Diese inneren, noch unbekannten Teile erkennen wir nur in der Pause. Solche Pausen öffnen neue innere Horizonte.

Irgendwann in der späteren Nacht. Wach und schreibend liege ich im Bett. Es ist schon Stunden her, dass ich Angelina am Strand wiedergetroffen habe und langsam schweigend mit ihr zum Haus zurückgekehrt bin, um kurz darauf ins Bett zu gehen. Ich schlief nur schwer ein und wachte umso schneller wieder auf. Die Dunkelheit wurde zu einer Pause, die ihre langen schwarzen Schatten als traurige Ahnungen in Wachträumen zeigte. Immer wieder stand darin die Astrologin vor mir, lachte mich aus und erzählte mir von Angelinas Horoskop. Immer wieder tastete ich nach Angelinas Körper, küsste sie voller angstgetränkter Leidenschaft, bis es ihr zu viel wurde und sie sagte: „Bitte lass mich jetzt schlafen." Ein letzter Gute-Nacht-Kuss, dann war sie ins Königreich der Träume eingetaucht.

Ich denke in dieser Schlaflosigkeit an einen Satz, den ich vor längerer Zeit in meinem Briefkasten fand. Er stammte von einem Mädchen, dem ich eine Liebeserklärung in Form einer Zeichnung machte. Die Zeichnung war ein Porträt von ihr mit dem Titel: „Ich träume, dass ich jede Nacht von dir träume". Ich fand beides, Porträt und Satz, sehr gelungen und war mächtig stolz darauf. Aber sie schickte mir das Bild zurück und schrieb auf die Rückseite: „Wenn du träumst, dass du träumst, bist du kurz vor dem Erwachen." Warum fällt mir dieser Satz gerade jetzt ein? Ist es die Angst, sie zu verlieren? Verlustangst ist ein Gespenst, das jede Liebe auf die Probe stellt. Um diese Probe zu bestehen, brauchen wir immer wieder kleine Pausen. Ich atmete bewusst tief aus, wie ich es beim Barista gelernt hatte. Dann machte ich eine kurze Pause und ließ den frischen Atem wieder frei in mich einströmen. Das gelang mir immer besser, und irgendwann ging es fließend wie von selbst. Ich spürte die Ruhe wieder in mir und war dem Schicksal dankbar, als ich Angelinas ruhig atmenden Körper neben mir fühlte. Sanft berührte ich sie. Ich wollte sie nicht wecken, nur berühren, das erlaubte ich mir.

„Ich bin dem Schicksal dankbar. Dankbar, dass es dich gibt", flüsterte ich ihr, fast unhörbar, ins Ohr.

Sie lächelte und murmelte: „Bitte, lass mich noch etwas schlafen".

„Ich gehe zum Hafen", flüsterte ich in dieser frühen Stunde mehr mir zu als ihr.

Ich werde mein Pausentagebuch mitnehmen. Sonst nichts.

Der Strandschreiber im Morgenlicht, Stunden später: wieder am Strand. Das allererste Licht der Morgendämmerung hat sich mit Dunst vollgetränkt. Der Strand ist feucht und kalt. Die Schiffe, die Häuser und die Landschaft um mich herum sehen um diese Zeit merkwürdig milchig und farblos aus. Was ist in den paar Stunden, in denen ich wach im Bett neben Angelina lag, geschehen?

Ich ging aus dem Haus, die Hafenmauer entlang, in Richtung Werkstatt, wo mein Auto stand, genoss die Gelegenheit zum Innehalten und hoffte in dieser Pause auf eine neue Wirklichkeit. Pausen sind Gelegenheiten zum Innehalten, damit eine neue Wirklichkeit entstehen kann, diktierte ich leise dem Scrittore. Aus der Werkstatt hörte ich, die Stille zerstörend, ein lautes Streitgespräch. Ich erkannte die Stimme des Werkstattbesitzers.

„Nie hätte ich meine Karriere aufgeben sollen wegen dieses herzlosen Weibes!", schrie er, und sie rief ihm Schimpfwörter nach, die ich vorher noch nie gehört hatte.

Er rannte zurück und brüllte sie an: „Sag so etwas nie mehr zu mir, nie mehr, hörst du!" Dabei schwang er drohend einen schweren Hammer in der Hand.

Sie spuckte verächtlich auf den Boden: „Verschwinde, Schlappschwanz. Hole deine Erfolge nach, die du nie geschafft hast. Versager!"

Meine Schritte wurden schneller. Ich lief zum Strand, suchte mir eine Stelle, an der ich die Stille in mir wiederfinden konnte. „Gleichzeitigkeit" wurde in diesen frühen Morgenstunden zu meinem neuen Zauberwort.

Gleichzeitig zu meinem Innehalten gibt es ein paar Häuser weiter großen Streit. Gleichzeitig zu meinem Innehalten schreit ein ungeliebtes Kind. Gleichzeitig zu meinem Innehalten stirbt vielleicht irgendwo ein Mensch, während ein Neugeborenes den ersten Atemzug tut. Gleichzeitig öffnet sich eine Blüte das erste Mal und verströmt ihren Duft, keimt ein Samenkorn, und eine Katze scharrt in der Erde und der zarte Keim vergeht. Gleichzeitig morden Menschen, und andere Menschen retten Verzweifelte vor dem Ertrinken. Gleichzeitig zu den ausrollenden Wellen vor mir bauen sich neue Wellen im Meer auf, um am Strand ihren Sinn zu erfüllen.

Weil das alles seit Ewigkeiten gleichzeitig geschieht, gibt es all das, was es gibt. Auch die Sehnsucht nach Pause. Selbst Gott brauchte eine Pause. Ist die Pause vielleicht sogar eine Erfindung dieses Schöpfers, den wir Gott nennen? Dann wäre ja jede Pause göttlich, so wie Liebe oder Glück. Ich bat meine Gedanken, innezuhalten. „Den Affen zähmen" nennt man das in der Meditation, wie ich einmal bei einem Workshop gelernt habe. Innehalten macht neue Wirklichkeiten möglich.

Weit weg ist auf einmal die Angst, Angelina zu verlieren. Weit weg der Streit des Werkstattbesitzers mit seiner Frau, zweier Menschen, die sich einst so liebten, dass er anscheinend sogar auf seine Karriere verzichtet hat. Und worauf hat sie verzichtet? Wonach sehnt sie sich? Welche Hoffnung beginnt in diesem Streit zu sterben? Wonach sehnt sich ein Mensch, der nicht mehr lieben kann? Er will wieder lieben können. Wonach sehnt sich ein Mensch, der sich abhängig fühlt? Nach Freiheit. Wonach sehnt sich ein Mensch, der im Alltagstrott erstickt? Nach einem Neubeginn. Und wonach sehnt sich ein Mensch, der sich nie erfüllen konnte? Ja, nach Selbstverwirklichung. Wenn ich ein Barista wäre, würde ich diese beiden Menschen genau daran erinnern. Ich würde ihnen Pausen verschreiben, weil Pausen neue Horizonte öffnen.

Zwischen Wasser und Land gibt es nicht nur harte Grenzen, nicht nur dicke Mauern wie am Hafen und nicht nur Wellenspiele. Zwei große Welten, das Land und das Meer, haben viele Möglichkeiten, ihre Grenzen zu erfahren, und dazwischen gibt es immer wieder Pausen, manchmal fast unsichtbare, ganz kleine.

Alles macht mit bei diesem Spiel: der Wind und die Möwen und das Licht, die Fische, die Schiffe und auch die Wolken. Ist das ganze Leben nicht ein Spiel, das nur durch unsere Angst zum Ernst wird?

Der Strandschreiber des Tages, wieder am Strand. Und wieder schreibe ich. Mittlerweile ist es schon voller Tag. Wollte ich nicht mit Angelina zusammensein?

Ich ging heute Morgen, nach meinen frühen Strandenfahrungen, zur Bar zurück. Der Barista wartete mit einem herzlichen, freundlichen Lächeln auf mich.

„Schau, ich habe ein Frühstück für euch vorbereitet. Überrasch' sie, sie wird es dir danken. Aber vorher habe ich eine kleine Pausenübung für dich."

Er bat mich, die beiden Zeigefinger an die Mundwinkel zu legen und diese zu massieren. Dabei sollte ich lächeln.

„Das macht nicht nur schön, sondern motiviert auch deine Glückshormone." Dann streichelte er meine Wange so liebevoll, dass meine Augen feucht wurden.

Ich ging die Treppen nach oben, klopfte an Angelinas Zimmer. „Ja?", rief sie. Ich ging hinein. Angelina saß am Spiegel und sah, wie ich mit dem Frühstück vor ihr stand. Ihre Augen begannen zu strahlen, und ich wurde leicht wie eine dieser Möwen unten am Meer.

„Lass uns auf dem Balkon frühstücken", schlug sie vor.

Frühstückspausen auf dem Balkon mit Blick auf Sonne, Sand und Meer sind manchmal geheimnisvolle Wege zum Glück. Wir lauschten Angelinas Lieblingsmusik und genossen die Augenblicke. Wir sprachen über unsere Ängste, aber auch über Vertrauen, über Trauen, über Abschied und über Wiedersehen. Angelina streichelte meine Handrücken.

„Angst ist der Humus, auf dem Mut wächst. Und wachsen kann er nur in der Pause." Sie spielte den Papa Barista. „Wenn du viel Angst hast, dann kann auch dein Mut gedeihen."

Ja, so sprach sie zu mir, nachdem sie sich geduldig meine Geschichten von schlaflosen Stunden am Strand angehört hatte und sich dabei eng an mich drückte.

„Weißt du, wie gut ein Apfel wirklich schmeckt, kann man erst erfahren, wenn man bereit ist zu warten, bis aus der Knospe eine Blüte und aus der verwelkten Blüte ein reifer Apfel geworden ist. Vielleicht ist es mit der Liebe auch so. Bis aus Verlieben Liebe wird, braucht es viele Pausen. Manchmal kleine, manchmal größere. Vielleicht muss ich auf die Rückkehr meines erwachsenen Helden warten, bis sich die ersten grauen Haare zeigen. Aber länger, mein lieber Scrittore, warte ich nicht."

Sie lachte und ging hinunter in die Bar. Ich folgte ihr, in Gedanken bei der Frage: Wo ist die Angst, wenn sie mich nicht quält?

In der Bar wurde eifrig diskutiert. Der Werkstattbesitzer stand an der Theke und schimpfte über seine Frau. Er ließ sich auch nicht durch unser Kommen stören.

„Du hast ja selbst gehört, wie sie verrücktspielt", bezog er mich in seine Geschichte ein.

„Ja, das habe ich gehört", antwortete ich.

Er begann zu erzählen, dass er wegen dieser Frau seine große Karriere als Radrennfahrer aufgegeben habe. Und sie? Außer dem Titel als Schönheitskönigin hatte sie nichts vorzuweisen. „Haben Sie Ihre Frau auch wirklich geliebt?", fragte ich den Werkstattbesitzer.

„Sie war die schönste Frau hier am Ort." Plötzlich leuchteten seine Augen aus der Erinnerung heraus.

„Haben Sie Ihre Frau wirklich geliebt?", wiederholte ich meine Frage. „Haben Sie Ihre Frau getröstet, wenn sie traurig war, haben Sie Hilfe angeboten, wenn sie Unterstützung brauchte, haben Sie ihre Schwächen geliebt, ihr Älterwerden, ihr Kranksein. Haben Sie ihr heute schon gesagt, dass Sie voller Liebe für sie sind?"

Der Werkstattbesitzer schüttelte verständnislos den Kopf.
„Dann verordne ich Ihnen zehn Espressopausen mit Ihrer Frau. In jeder dieser Pausen sagen Sie ihr, was Sie an ihr gerade besonders lieben. Und dann dürfen Sie sich in den Pausen, in denen Sie alleine kommen, kräftig links und rechts auf die Schultern klopfen."

Der Werkstattbesitzer schluckte, schwankte zwischen Brüllen und Schweigen, entschied sich für Aushalten und ging für ein paar Minuten vor die Tür.

Als er wiederkam, reichte er mir die Hand und sagte verlegen: „Ach so, ehe ich es vergesse: Ihr Auto ist fertig." Nachdenklich blieb er vor mir stehen und schaute mich gedankenversunken an. Dann nahm mich dieser scheinbar lieblose, vom Leben frustrierte Mann in die Arme, atmete tief ein, aus, ein, aus, ließ mich spüren, wie berührt er war, und bedankte sich mit bebender Stimme, so laut, dass es auch der Barista hören konnte:

„Wie hat unser Barista einmal zu mir gesagt: ‚Wenn wir erkennen, dass wir unseren Nächsten für all das missbrauchen, was wir an uns selbst nicht sehen wollen, wenn wir all das in unser Gegenüber hineinprojizieren, was uns an uns selbst nicht gefällt, sind wir schon kurz vor dem Erwachen. Wenn wir dann noch erkennen, dass wir ihn zum Sündenbock für unsere eigene Unfähigkeit zu lieben missbrauchen, für unser eigenes Versagen und für die Folgen unserer eigenen Mutlosigkeit und Angst, sind wir nah an einem großen Geheimnis. Erst wenn wir erkennen, dass alles, was wir sehen oder zu sehen glauben, nur eine von vielen Millionen Möglichkeiten ist, den anderen Menschen zu sehen, beginnen wir in allem, was uns begegnet, uns und gleichzeitig das große Ganze zu sehen. Dann sind wir erwacht.' Ich verstand damals nicht, was der Barista da meinte. Aber jetzt ist das für mich, einen einfachen Werkstattbesitzer, zum größten Geschenk meiner kleinen Pause vor der Tür geworden. Vielleicht ist es die Angst, die mir einredet, von der Liebe zu meiner Frau getrennt zu sein." Nach diesen Worten streichelte er meine Wange und ging erhobenen Hauptes.

Der Barista kam ganz nahe an mich heran und flüsterte mir ins Ohr: „Da hat sich ein guter Barista in dir gezeigt, auch wenn er noch geduldig auf seine Hauptrolle in deinem Stück warten muss. Zehn Espressopausen lang den Espresso im Stehen trinken und dabei langsam den Kopf senken und heben, so als würdest du bewusst „ja" sagen. Dann den Kopf nach links und rechts drehen, als würdest du bewusst „nein" sagen, ganz langsam, ganz bewusst. Das kann dein Selbstbewusstsein stärken. Nur wer sich seiner selbst bewusst ist, nimmt auch andere bewusst wahr. Das ist eine gute Vorübung für die Abenteuerreise zur eigenen Größe, eine Grenzerfahrung und eine Vision zugleich."

Ich schwieg, ließ, was geschehen war, in mir nachschwingen, und rief nach einer Weile Angelina zu: „Hast du gehört, Angelina? Mein Auto ist fertig. Wollen wir gemeinsam eine Spritztour machen?"

Angelina schüttelte den Kopf: „Oh nein, mein lieber Scrittore. Gerade heute habe ich schon eine Verabredung. Ich bin auch schon fast zu spät."

Angelina verabschiedete sich auffallend schnell von uns. Und ich? Ich stand da mit meiner Grenzerfahrung.

Als ich mich gerade aufmachen wollte, um mein Auto abzuholen, kam Magdalena, die Astrologin, in die Bar und bedankte sich mit einem bunten Blumenstrauß beim Barista für seine Hilfe.

„Du bist einfach ein Traum von einem Mann", lobte sie ihn und gab ihm ein vorsichtiges Küsschen auf die Wange. Der Barista genoss das Lob und antwortete nach einem kurzen Zögern: „Ach weißt du, Magdalena, mit den Traummännern ist es wie mit den Ratgeberinnen. Je mehr sie die Erwartungen anderer erfüllen müssen, umso unglücklicher werden sie. Den, der dich liebt, erkennst du sowieso nur daran, dass er dir hilft, deinen eigenen Weg zu finden."

Statt ihm zu antworten, wandte sie sich mir zu: „Vielleicht sieht es irgendwann für dich so aus, als würde Angelina eure Liebe verraten. Aber mit den Augen der Liebe ist die Verräterin meist auch die Erlöserin. Sie hilft dir, dein Schicksal zu erfüllen und deine Größe, deine Grenzen und deine Tiefe zu erfahren. Sie hilft dir, deine Sehnsüchte in eine Balance zu bringen. Sie hilft dir, das Göttliche in dir zu finden und damit deine geheimnisvollen Kräfte. Das ist der tiefe Sinn des Verrates. Nichts kann ewig bleiben, wie es ist. Alles will sich entwickeln, entfalten und wachsen. Zwischen Selbstliebe und Selbstaufgabe gibt es eine Balance. In diese Balance zu kommen ist ein Prozess, der nur durch die Pause möglich wird." Als sie fertig gesprochen hatte, widmete sie sich wieder ihrer Espressopause. Ich schwieg nachdenklich. In dieser kleinen Pause traute sich der Philosoph in mir auf die Bühne. Es wunderte mich, wie klug und bewusst er mir seine Worte diktierte:

„Vielleicht verläuft unser Erfolgsweg wie der Reifeprozess in der Natur. Vielleicht geht es immer wieder darum, scheinbare Umwege als die einzig möglichen Wege zu erkennen", hörte ich seine Stimme in mir. Er erzählte mir von kleinen Bächen, die nur deshalb zu großen Flüssen wurden, weil sie Hindernissen geschickt auswichen, sich mäandernd durch die Landschaften bewegten, sich als Wasserfall in unbekannte Tiefen stürzten, um sich endlich irgendwann in der Unendlichkeit des Meeres zu erfüllen. Der innere Regisseur freute sich über diesen leisen Auftritt, denn er fühlte in diesem Augenblick, dass ein langer Abschied vor mir lag. Vielleicht ging es jetzt wirklich darum, meinem Schicksal zu vertrauen. Ich dachte an den Werkstattbesitzer und seine Frau. Würde es Angelina und mir auch so ergehen wie den beiden, wenn wir einfach so weitermachten wie bisher? Bräuchte es, um das zu vermeiden, doch erst noch scheinbare Umwege?

Die Frage war der Beginn einer heilsamen Pause, die sich zu einer tiefen inneren Zeitreise in unbekannte Welten entwickelte. Ich schloss die Augen.

Als der Barista das sah, bat er mich, die Augen geschlossen zu halten und all meine inneren Schauspieler, die bekannten und noch unbekannten Teile meiner Persönlichkeit, wie Luftballons aufsteigen zu lassen, um mich bei ihnen zu bedanken. Wie viele Facetten in mir warteten darauf, gelebt zu werden.

Ich bekam eine Ahnung vom scheinbaren Umweg, den ich zu gehen hatte, und dachte an den Apfelbutzen mit seinen Apfelkernen vor mir im Aschenbecher. Bald würde ihn der Barista auf den Kompost werfen. Dann würde der Apfelkern vielleicht einen Winter lang durch alle Todesängste gehen und manchmal sogar die Hoffnung verlieren, verzweifelt nach dem Gott der Apfelkerne rufen. Wie sollte der Kern wissen, dass dies alles zu seinem Wachstumsprozess gehörte? Im Frühling schon würde er keimen, und neue Zweifel würden ihn plagen. War er nicht ein Apfelkern? Was geschah da mit ihm? Etwas Seltsames drängte da aus ihm, das die Menschen Keim nannten. Schwer würde es ihm fallen anzuerkennen, dass all dieses Verwandeln, ja sogar der Tod von Insekten, Blättern und anderen Früchten seinem Werden dienten. Irgendwann würden ihm, dem ehemaligen Apfelkern, die ersten Blätter wachsen und die ersten Blüten. Aber auch die würden vergehen, weil dahinter schon die nächsten Wunder warteten. Wunder, die wir Äpfel nennen. Und irgendwann würde einer dieser Äpfel auf den Boden fallen, verfaulen und der Beginn eines neuen Geheimnisses werden. So träumte ich laut vor mich hin, bis mich der Barista bat, die Augen wieder zu öffnen und alles Erlebte schnellstmöglich niederzuschreiben.

„Vielleicht schreibst du, dass der Weg des Apfelkerns auch dein Weg ist. Immer wieder glaubst du, am Ziel deiner Träume zu sein. Immer wieder wirst du scheinbar scheitern. Während das Alte zerfällt, keimt schon unsichtbar aber spürbar, in den kleinen Pausen das Neue! Mal erlebst du diesen Wandel als Tag, mal als Nacht, mal als Dämmerung. Vielleicht wirst du zunächst ein Buch schreiben, das so wird, wie es dir der Professore riet und erst dann dein Buch über Pausen. Alles zusammen wird schließlich dein Buch sein, dein Lebensbuch. Aber es wird dann nicht nur dein Buch sein, sondern ein Reiseführer für alle Schatzsucher. Und der Schatz, den sie suchen, versteckt sich in der kleinen Pause. " Nach einer Kunstpause fügte er hinzu: „Eines noch: Am meisten lernst du über dich durch deine Feinde. Wünsche dir gute Feinde. Sie sind wichtiger als gute Freunde."

Das alles geschah während der langen Zeit, in der Angelina irgendeinen Termin wahrnahm. So sehr ich mich nach ihr sehnte, so sehr hatte ich auch das Bedürfnis nach Ruhe. Es zog mich zum Strand. Die alte, mächtige, einsam stehende Palme schien mir der rechte Ort für eine Ruhepause zu sein. Lange, zeitlos lange, sah ich hinaus aufs Meer, schaute den dahinziehenden Schiffen zu, den Wolken, den Wellen, den Menschen, die sich juchzend ins Meer warfen, den Vögeln, die sich von unsichtbaren Kräften tragen ließen.

Wenn ich so erfolgreich wie der Professore wäre, würde mich Angelina dann auch noch lieben? Oder würde sie mich noch mehr lieben? Würde ich ihrer Liebe vielleicht sicherer sein können? Will sie lieber einen erfolgreichen Mann als einen Träumer und Fantasten? Nein, das kann ich mir wirklich nicht vorstellen. Vielleicht sogar den Professore? Angelina und dieser Professore!

Aber immerhin hat er mir geraten, ein Buch zu schreiben. Vielleicht so eines: „Machiavelli, der schnellste Weg zum Erfolg.“

Meine Gedanken gingen weiter in die Zukunft. Ich suchte immer wieder neue Antworten, bis ich mir nur noch wünschte, mein Kopf würde leer werden. Direkt unter der Palme, vom Wellenrauschen begleitet, schlief ich endlich ein.

Die achte Barista-Weisheit

Werde der, als der du gedacht bist.

Pausen sind wie kleine Heldenreisen.

Sie führen dich zu deiner

wahren Aufgabe.

Bei meiner neunten Espressopause
erkenne ich das Geheimnis der offenen Hände

Heute, am neunten Tag meines Aufenthalts im Baristaland, empfinde ich meine Seele wie ein weites Land, das der Barista mit dem klugen Sachverstand eines weisen Gärtners nach und nach kultiviert. Er befreit meine Sehnsüchte von der wuchernden Angst, lockert den durch Gier hart gewordenen Boden, damit die Blumen der Freude wieder besser gedeihen, und legt neue Wege zu den Quellen der Lebenslust an. Meine Begabungen und Talente erscheinen in einem neuen Licht und alles, was wachsen will, bekommt seine Zeit. Langsam wird aus dem wilden Land ein schöpferisches Paradies, in dem täglich neue Wunder geschehen.

Auch heute war wieder so ein fruchtbarer Tag. Als ich gestern spät nachts am Strand aufwachte, sah ich die großen Palmblätter über mir. Ein kalter Wind hatte mich aufgeweckt. Ich spürte eine Gestalt, die sich, neben mir auf dem Sand liegend, bewegte. Es duftete nach Angelina. Scheinbar war ich unter der Palme so tief eingeschlafen, dass ich nicht einmal bemerkte, wie sie sich irgendwann zu mir legte. Wahrscheinlich sorgte sie sich um mich, suchte mich und fand mich schlafend am Strand. Dankbarkeit kam in mir auf. Ich drehte mich, um sie anschauen zu können, und genoss die Seligkeit des Augenblicks im Erwachen. Das Mondlicht half mir, in ihr schlafendes Gesicht zu schauen. Ich tastete mit meinen Blicken zuerst ihre Augen ab, dann ihren Mund, die vollen Lippen, die dunklen Haare. Ganz nah kam sie mir vor. So nah, wie Schutzengel in der Nacht für Kinder sind, wenn sie Angst haben.

„Ich liebe dich, Ich liebe dich so sehr, dass ich mich nicht einmal vor dem Ernst des Lebens fürchte und erst recht nicht vor einem Abschied, nicht vor den bösen Drachen und auch nicht vor feindlichen Rittern, die mit mir um dich kämpfen wollen. Ich will als dein Prinz zurückkehren und dich in mein Schloss führen, um mit dir eine Familie zu gründen, noch ehe dir graue Haare wachsen. Nein, so lange, bis dir graue Haare wachsen, musst du nicht warten, das verspreche ich dir."

Angelina öffnete die Augen: „Ich habe alles gehört. Ich will alles dafür tun, damit du deinen Weg findest. Weil ich dich liebe!"

Sie kroch ganz nah zu mir, und die Nacht war nicht mehr so kalt. Wir schliefen noch einmal bis zum Morgengrauen ein.

„Schau', die Sonne geht auf. Glutrot wie auf Postkarten." Angelina rannte zum Strand und verschwand in den Wellen, um kurz darauf wieder aufzutauchen. Diese Freude wollte ich mit ihr teilen. Ich lief wie sie nackt ins Wasser. Als uns kalt war, schwammen wir an den Strand, um uns gegenseitig mit dem gleichen Handtuch abzutrocknen, das kurz vorher unsere wärmende Bettdecke war.

„Jetzt brauche ich einen Espresso und eine Brioche", rief Angelina.

„Oh ja, das macht den Traum komplett. "

Wir rannten zur Bar, wo uns der Barista schon empfing.

„Danke, Papà, er war wirklich am Strand eingeschlafen."

„Du hast dich also unnötig gesorgt, meine Kleine."

Jetzt erst erfuhr ich, dass sich Angelina Sorgen um mich gemacht hatte. Nicht nur, weil sie viel länger weg war als vorgesehen. Nein, auch weil sie sich mit dem Professore getroffen hatte, ohne es mir vorher zu sagen. Angelina dachte, dass ich dies anderweitig erfahren habe und deshalb verschwunden war. Ich spürte, wie Wunden zu heilen begannen.

Angelina wollte mir noch etwas sagen, aber der Barista kam ihr mit einer Weisheit zuvor: „Das Glück ist wie ein altes Paar Schuhe, wir werden es nicht so schnell los. Es sei denn, wir lernen, wieder nach vorne zu schauen. Und das geht besonders gut in den kleinen Pausen. Dann ist der Weg zum Glück nicht weiter als der Weg zur nächsten Espressomaschine."

„Was ist Glück?", versuchte ich, mein Unbehagen zu verbergen.

„Glück ist das Geschenk der Zufriedenheit, und Zufriedenheit ist das Geschenk der Pause."

Plötzlich stand der Professore in der Bar, um Angelina für einen Seegang abzuholen. Die beiden hatten offensichtlich am Tag zuvor einen Kurztrip auf der Yacht des Professors vereinbart. „Nur zu zweit", wie er mir vorsorglich erklärte.

Die Erde in mir begann zu beben. War dies der erste Sturm auf meiner Heldenreise? Ich hätte dem Professore liebend gerne einen Wirbelsturm wie bei Odysseus gewünscht, dazu tausende Sirenen extra und alle Medusen und andere grausame Gestalten, wäre ich nur sicher gewesen, dass es Angelina nicht schadete. Aber so sicher war ich beim Wünschen noch nicht. In einem aber wurde ich mir sicher: Der Weg zu Frauenherzen ging immer über Erfolg, Geld und Macht. Nicht nur in den Heldengeschichten der Vergangenheit.

Die beiden verabschiedeten sich vom Barista und mir. Angelina flüsterte mir bei einem flüchtigen Kuss noch leise ins Ohr. „Bitte vertrau mir!" Dann verschwanden sie in Richtung Sonne.

Ich rannte auf mein Zimmer, aber drinnen hielt es mich nicht. Ich ging auf den Balkon, aber dort tastete ich den Horizont immer nur nach Schiffen ab. Ich ging in den Garten und versuchte, in mein Pausentagebuch zu zeichnen. Aber es wollten nur Schiffe gelingen. Ich nahm mir vor, ein Abschiedsgedicht zu schreiben, aber der Poet in mir fand keine Worte. So landete ich wieder in der Bar und stand an der gleichen Stelle, an der vor Kurzem noch der Professore gestanden hatte, als der Barista kam.

„Einen Espresso?"
Ich nickte dankbar. So schnell hatte er mir schon lange keinen Espresso mehr gebrüht.

„Mach mal eine kleine Denkpause", tröstete er mich. „Denkpausen helfen, das Glück wieder in uns zu finden."

Ich trank in ganz kleinen Schlucken, versuchte den Helden zu spielen und meine Tränen der Ohnmacht zu unterdrücken. Helden weinen ja bekanntlich nicht. Irgendwann erkannte ich, dass sich meine Gedanken im Kreis drehten.

„Pausen sind Unterbrechungen von Gedankenströmen, die ins Unglück führen." Mit diesen Worten stellte sich der Barista ganz nah zu mir, ließ mich seine Nähe heilsam spüren und zeigte mir eine kleine Übung, wahrscheinlich um mich abzulenken.

„Du hast nicht nur ein Standbein, sondern auch ein Spielbein. Das Standbein brauchst du, um einen Standpunkt zu haben. Das Spielbein hingegen brauchst du zum Spielen, zum Ausprobieren. Darum sage ich meinen Gästen oft, dass sie das Spielen als heilsame Kraft wieder für sich entdecken sollen. Beides ist wichtig im Leben. Einen Standpunkt zu haben und sich den neuen Möglichkeiten zu öffnen. Wer sich öffnet, wird zwar verletzbar, nimmt dafür aber am Geheimnis des Lebens teil. Wer immer nur auf seinem Standpunkt besteht, verschließt sich anderen, er wird eng, unbeweglich und starr wie ein Fels. Menschen mit anderen Meinungen laden dich ein, beweglich zu bleiben, dich zu öffnen, deinen Ärger, deine Wut, deine Angst zu zeigen, dich verletzbar zu erleben. Wenn du das auch anderen zugestehst, bist du ganz nah an meinem neunten Geheimnis."

Dann bat er mich, fest auf dem linken Bein zu stehen. Erst dann sollte ich mit dem rechten Bein spielen. Das rechte Bein wollte nach vorn.

„Siehst du", erklärte der Barista, während ich mit dem Bein spielte und es dann auf den Boden aufsetzte, „so lernt man tanzen, aber auch gehen, also fortschreiten. Das ist ein echter Fortschritt. Die Pilger nennen dieses bewusste Fortschreiten den Pilgerschritt. Menschen sind des Menschen beste Medizin."

„Nicht immer, mein lieber Barista, manchmal machen sie uns auch krank." Der Barista lachte und fügte hinzu: „Manche aufkommende Krankheit macht erst dann Sinn, wenn wir sie bis zum Ende denken."

Bis zum Ende denken wollte ich unser Verliebtsein nicht.

„Du bist doch ein Scrittore", begann der Barista, „und du weißt mittlerweile auch, dass ein Scrittore mehr ist als ein Tagebuchschreiber. Im Schreiben entsteht für einen Scrittore meist eine Lösung aus einer größeren Wirklichkeit. Lass' all das, was jetzt in dir geschieht, aus dir herausschreiben, so lange, bis nichts mehr kommt. Es ist nicht wichtig, etwas Besonderes zu schreiben. Es kommt darauf an, deinen Scrittore als deinen Helfer und Heiler zu entdecken, ebenso wie viele andere innere Helfer auch. Wesentlich ist, deinem inneren Regisseur wieder zu vertrauen. Er kennt den Spielplan deiner Heldengeschichte besser als du. Manche nennen diesen Regisseur auch Seele. Vielleicht hörst du, wie er im Schreiben zu dir sagt: ‚Du kannst die Ereignisse oft nicht ändern, aber deine Einstellungen und damit dein Verhalten dazu. Du kannst draußen im Alltag nicht deine Lebensumstände, deine Schulden, den Ärger mit dem Chef, die Kolleginnen und Kollegen ändern, aber deine Einstellung. Du kannst lernen, damit besser umzugehen. Du wirst den Stress draußen, die Hektik, die immer größeren Erwartungen an dich nicht einfach wegwünschen können.' Unsere Lebensreise ist eigentlich eine Pilgerreise, die dir eine andere Einstellung zu den Zwängen des Alltags anbieten will. Die kleinste Pilgerreise ist die Espressopause, wenn du deinen Espresso schweigend genießt. Schweigen in der Pause ist eine Möglichkeit, sich seiner eigenen Verletzbarkeit bewusst zu werden."

Der Barista schwieg, und ich schwieg mit, anstatt Fragen zu stellen. Auch die Katze, die gerade durch die Tür kam, schwieg mit, anstatt um Futter zu betteln. Nach einer Weile nahm der Barista das Gespräch wieder auf: „Mancher, der zu mir kommt, erkannte auf seinem inneren Jakobsweg, dass seine Wunden nicht nur seine eigenen Wunden sind, sondern die einer ganzen Generation, bei der nur Leistung zählt. Die Täter sind gleichzeitig auch die Opfer und umgekehrt. Wenn du dein eigenes Leid in so einem großen Leid aufgehoben fühlst, dann ist ein Stück deiner Einsamkeit erlöst."

„Machiavelli und Darwin sind für mich trotzdem Verbrecher!", entgegnete ich. Der Barista schwieg ein kleine Pause lang, dann erst antwortete er: „Und was bringt dir diese Feststellung für dein Leben, wenn dir bewusst wird, dass alles auch in dir ist? Wie hilft dir diese Erkenntnis, damit es dir wieder gut geht?

Lass' in deinem Buch doch Machiavelli und Darwin eine gemeinsame Vision entwickeln für die Zeit nach dieser Zeit."

Wieder tauchte ein inneres Bild in mir auf: Diesmal ein Buch, das meinem Namen trug, mit dem Titel: „Der schnellste Weg zum Erfolg – Wie es weitergeht, wenn es so nicht mehr weitergeht."

Ich merkte, wie es in mir zu arbeiten begann, war mir aber nicht mehr so sicher, was ich nicht wollte und erst recht nicht, was ich wollte.

„Wenn du Antworten von deiner inneren Weisheit brauchst, dann schaff' dir immer wieder kleine Pausen, egal ob du im Auto zu einem Termin fährst oder im Fahrstuhl nach oben, ob du im Wartezimmer auf den Arzt wartest oder an der Bushaltestelle. Selbst wenn du in der Bank einen Termin hast, bei dem es um lebenswichtige Kredite geht, ein kleiner Atemzug und schon bist du im Baristaland, dort wo die kleinen Pausen zu Hause sind. Wenn du eine neue Arbeitsstelle antrittst oder deine Kündigung bekommst, deine Kinder schlechte Noten bringen oder deine Angelina vielleicht gerade jetzt den Professore küsst: Es gibt nichts, was durch eine kleine Pause schlechter würde."

Der Barista scheint meine Gedanken zu empfangen wie ein Radio, wenn man Antennen dafür hat.

„Scrittore?", sagte er schließlich freudestrahlend wie ein Kind.
„Ja?", antwortete ich mit fragendem Unterton.

„Was hältst du von diesem Satz: Kleine Pausen sind wie Himmelsleitern. Sie weiten den Blick, und mit einem Mal bekommst du Abstand von deinen Alltagsproblemen. Dann bist du nicht mehr das Leid der Welt, sondern nur jemand, der noch etwas auf seiner inneren Heldenreise in Ordnung bringt. Der Alltag hat zwar Spielregeln, die du nicht über Nacht ändern kannst, aber du kannst lernen, mit diesen Spielregeln zu spielen. Das lernst du schon in jeder kleinen Pause.

Narren können das, Clowns nicht. Clowns müssen Leute zum Lachen bringen. Sie sind also Gefangene ihres eigenen Spiels. Narren sind da freier. Sie spielen nicht, um zu verlieren, sie spielen nach ihren eigenen Spielregeln mit den Helden unserer Zeit, weil sie sich dafür entschieden haben, keine Erwartungshaltungen mehr erfüllen zu müssen. Entscheide dich deshalb lieber für den Narren, dann entscheidest du dich zugleich für dich selbst. Nur der Narr hat gelernt, für sich und seine Bedürfnisse bewusst zu sorgen. Nur er ist wirklich erwachsen geworden, weil er die Verantwortung für sich höher stellt als die Forderungen und Erwartungen anderer. Nur er verzichtet bewusst auf Orden und Ehrenzeichen, um der Freiheit willen. Freiheit ist sein höchstes Gut. Bis er so weit war, musste er aber erst lernen, was es heißt, König oder Chef zu sein. Er musste lernen, was es heißt, abzustürzen, seine Macht zu verlieren, sich ohnmächtig und ausgeliefert zu fühlen. Er musste durch das Scheitern hindurch, um wirklich erwachsen zu werden. Die meisten Menschen trauen sich deshalb nicht, wirklich erwachsen zu werden, weil sie Angst vor dem Scheitern haben."

Ich wollte mehrmals durchatmen, um diese Worte zu verdauen, setzte mich an einen der Tische und ließ meine Fantasie von einer Zeit weit in der Zukunft erzählen, in der ich erfolgreich und immer erfolgreicher wurde. Sie verhieß mir, dass ich ein Meister werden würde in der Kunst des Manipulierens, der Kunst des Intrigierens. Es waren nur Schlagworte, aber die hatten es in sich. Meine Fantasie hob sich über alle Grenzen hinweg. Irgendwann war ich in der Welt des Professore, einer Welt voller Auslese, Macht und Ohnmacht. Ich war sein Nachfolger, weil ich einfach besser war als er.

„Es soll doch besondere Augenblicke im Leben jedes Menschen geben, in denen er sein zukünftiges Leben vor sich liegen sieht wie ein offenes Buch. In solchen Situationen braucht man nur in diesem Buch zu lesen und weiß Bescheid", resümierte ich.

„Die nächste Espressopause gehört deinen Händen", entgegnete mir der Barista, „schließe kurz die Augen. Öffne deine Hände. Lass sie zu einer leeren Schale werden. Stell' dir vor, du bist ein erfolgreicher Manager. Du bist sogar noch erfolgreicher, als du es dir erträumt hast. Jetzt hat deine Fantasie Gelegenheit, sich auszutoben. Wie geht es dir damit, wenn du dich von Neidern und Feinden umgeben fühlst, von Fremden, im Gefängnis, in der Wüste, in einem

Hungergebiet? Übergib der kleinen Pause der Sehnsucht die Regie: Wonach sehnst du dich, wenn du dir vorstellst, du wärst ein kleines Kind, das seine geöffneten Hände in die Welt streckt, oder ein einsamer Mensch, ein Kranker, ein Hilfsbedürftiger, ein Sterbender? Wonach sehnst du dich aus der Warte des Sterbenden, der du auch einmal sein wirst? Vielleicht heute noch, vielleicht morgen, vielleicht viel zu früh, viel zu schnell? Überlege dir mit diesem letzten Bild vor Augen, was dir wesentlich ist."

Achtsam und nachdenklich trank ich jetzt das Glas Wasser, das mir der Barista zum Espresso stellte, Schluck für Schluck genießend. Dies war ein ganz neuer Blick auf seine Weisheit, der nicht nur den Scrittore in mir, sondern auch den Poeten, den Maler, den Narren, den Helden und den König berührte. Ich bekam wieder Lust aufs Leben, Entdecken, Ausprobieren und auf die Natur.

„Jetzt, lieber Barista, da mein Auto repariert ist, könnten wir beide Helden doch gemeinsam in die Berge fahren."

„Nein, nein, mein lieber junger Freund. Heldenreisen machen die Helden immer alleine."

Ich verstand das zwar nicht, aber es war so, wie es war.

„Dann nehme ich eben die Pausen mit."

„Sehr gut, Pausen eignen sich gut zum Verschenken und zum Selbstgenießen. Außerdem trägst du nicht schwer an ihnen, und sie können dir nicht gestohlen werden. Du kannst sie höchstens mit anderen teilen. Aber dann ist es wie mit dem Kerzenlicht."

„Mit dem Kerzenlicht?", fragte ich nach.

„Ja, wenn du deine Kerze an der Flamme der Kerze deines Feindes entzündest, wird es trotzdem heller."

Dann gab er mir die Aufgabe, mein Auto zu holen, in die Berge zu fahren und die Einsamkeit auszuhalten. Die Einsamkeit? Ich brauchte eine Weile, um das Ja in mir zu hören.

Also ging ich zur Werkstatt, setzte ich mich das erste Mal wieder in mein repariertes Auto und fuhr in die Berge, zu dem Kloster, von dem Arnoldo erzählt hatte. Oben angekommen stieg ich aus. Es war mir nicht mehr selbstverständlich auszusteigen. Es war auch nicht mehr selbstverständlich, das Auto repariert zu wissen. Ebenso wenig, wie im Baristaland zu sein und vor einem Kloster zu stehen, das mir wie ein heiliger Gral vorkam. Ich hätte nach meinem Unfall ja auch in einem Krankenhaus oder in einem Grab liegen können.

Durch die dicken Klostermauern drangen die Gesänge eines Männerchors nach außen, die mich an eine längst vergangene Welt erinnerten. Tiefe, von Hoffnung getragene Männerstimmen, immer wieder neu ansetzend, sich in den Himmel hebend und im gleichen Maße in der Erde verwurzelnd. Ich versuchte das Tor zu öffnen, zog daran, doch je mehr ich zerrte, umso verschlossener schien es mir.

Schließlich setzte ich mich unter dem Kastanienbaum neben der Pforte, um mich zu sammeln, tiefer in mich hineinzuhören, um weiter zu sehen, um ganz leer und still zu werden. Da geschah etwas Einmaliges: So wie ein Hirte seine Schafe um sich schart, kamen meine durch Erfolgsgedanken verstreuten Kräfte in dieser Stille wieder zu mir. Sie wandelten sich, wurden leichter und freier, und die Freude und Dankbarkeit setzte sich wie ein Hirtenhund an meine Seite.

Immer ruhiger wurde es in mir. Im Chor schwang eine Überzeugung mit, dass alles gut so sei, wie es ist. Ich, nur ich, konnte dem Augenblick einen Sinn geben – oder eben nicht. Wer sonst als ich konnte seine Hände für die Gnade der Dankbarkeit, der Zufriedenheit und der Liebe öffnen?

Für ein paar Augenblicke wurde ich wieder neugierig, was und wie es das Schicksal mit mir und mit Angelina meinte. Dann wandelte sich die Neugierde erneut in Stille. Lange saß ich unter dem Kastanienbaum und hörte die Stille und die Stille hinter der Stille und die Stille in der Stille. Ich war so sehr erfüllt davon, dass ich nicht mehr unterscheiden konnte zwischen der Stille in mir und der Stille um mich herum und dem, was sich noch in Stille wandeln wollte. Langsam stand ich auf und ging zur Pforte, um durch das Schlüsselloch zu schauen. Da bemerkte ich das kleine Schild, das über dem Schlüsselloch angebracht war.

Darauf stand eine Sentenz:

Lass' alles unbereut.
Tu, was getan muss sein,
noch eh man's dir gebeut.

Gebeut? Ein altes Wort, hieß das nicht gebietet? Lass all das, was war, unbereut. Konzentriere dich auf das, was jetzt dran ist: die Ruhe. Noch ehe dein
Spielraum so klein wird, dass du keine Wahlmöglichkeiten mehr hast.

Einmal mehr ging es darum, den Alltag als Spiel zu sehen, ohne Wertung,
ohne sich selbst unter Ergebniszwang zu setzen. Spielen hieße dann, sich zu erlauben, etwas auszuprobieren, Grenzen zu erfahren und mit diesen scheinbaren
Grenzen zu spielen. Für sich und seine Gesundheit selbst die Verantwortung zu
übernehmen. Wieder spürte ich diese Dankbarkeit im Herzen und suchte nach
einem Satz, in dem sich alles Erfahrene wiederfinden würde.

Pausen sind Spielräume, in denen ich meinen eigenen Weg finden lerne. Vielleicht hatte der Barista diesen Satz schon einmal gesagt. Aber von mir wurde er,
in diesem Bewusstsein, noch nie so ausgesprochen. Ich lachte herzhaft über
mich und meinen kindlichen Trotz, nun endlich überzeugt, mit diesem Kind,
das ich einmal war, schon jetzt auf Heldenreise zu sein. Mit diesem neuen Pau-
senbewusstsein fuhr ich langsam ins Dorf zurück, der Abendsonne entgegen.

Als ich in der Bar ankam, saß der Barista mit Angelina und dem Professore
zusammen. Es störte mich und gleichzeitig störte es mich nicht. Ich kam heite-
ren Herzens auf die drei zu, wir begrüßten uns freundlich. Der Professore erzählte mir sofort, vielleicht um seine Verlegenheit zu überbrücken, wie gut und
interessant er es fände, wenn ich ein erfolgreiches Buch schriebe. Etwa so: „Die
Machiavelli-Strategie. Der schnellste Weg zum Erfolg." Ein paar Impulse wolle
er mir schon noch geben, damit aus dieser hervorragenden Idee auch ein
ebenso hervorragendes Buch würde.

„Da muss natürlich herausgearbeitet werden, wie es weitergeht, wenn es mit dem Erfolg nicht mehr so weitergeht wie bisher. Vielleicht mit der Botschaft, dass dieser Erfolg weder auf Kosten der Natur und erst Recht nicht auf Kosten der Chefs gehen dürfe. Und dann können Sie noch, nicht als Muss, die Wichtigkeit der kleinen Pausen einbauen. Aber lieber beim Essenziellen bleiben, sonst liest das keiner. Ein bisschen Weltschmerz mit rein, ein bisschen was über die Einsamkeit der Chefs und dass die angeblich so hohen Abfindungen nur mickriges Schmerzensgeld sind."

Dann erklärte er mir, wie ich ein Exposé aufbereiten und wen ich in seiner Firma möglichst schnell ansprechen sollte.

„Am besten rufen Sie heute noch meinen Mitarbeiter an. Bei uns in Deutschland ticken die Uhren schneller als hier im Baristaland. Deshalb eignet sich dieses Land auch nicht für den Wohnsitz eines erfolgreichen deutschen Autors, sondern nur für Auszeiten. In meiner Branche zählt die schnelle Verfügbarkeit. Und das jetzt und sofort. Heute umsetzen, was heute besprochen wurde."

Dann schrieb er mir mit schneller Schrift auf einen Zettel Namen und Adresse meines Ansprechpartners. „Können sie meine Handschrift lesen?" Ich bejahte. Zum Schluss fügte er noch hinzu: „Das ist der Name des Verlages. Den kennen Sie sicher." Und ob ich diesen Verlag kannte! Er war nicht weit von meiner Heimatstadt entfernt.

„Sagen Sie bei dem Termin, dass ich die Buchidee hervorragend gefunden hätte", dann unterbrach er selbst seinen Redefluss. „Ach warten Sie. Ich muss sowieso mal wieder mit ihm telefonieren."

Ein paar Minuten später hörte ich ihn im gleichen freundlichen Befehlston vom Münzsprecher aus telefonieren. Schon hatte ich einen Termin, den einzuhalten mich der Professore beschwor, und einige Verhaltensregeln, so genannte Guidelines, die ich unbedingt beachten sollte.

„Dann werden Sie schon im nächsten Herbst ein Erfolgsautor sein." Gesagt, und schon ging er wieder zu anderen Themen über. Kurz darauf verschwand er mit einem verdächtigen „Bis bald!" zu Angelina gewandt und mit einem kurzen Gruß in meine Richtung.

Allmählich kam ich wieder zum Durchatmen und nahm den Zettel noch einmal zur Hand. Tatsächlich ganz in der Nähe meiner Heimatstadt. So ein Zufall.

In mir ratterte ein imaginärer Kalender. Mit Erschrecken bemerkte ich, dass ich nach diesem Zeitplan schon am nächsten Tag abfahren müsste. Viel zu früh für einen, der eigentlich ohne festes Ziel und festen Zeitplan den Süden erleben wollte, bevor seine Freiheit vom Ernst des Lebens aufgefressen würde.

„Hast du ein Glück!", rief mir Angelina freudig zu.

Ich war mir nicht so sicher.

„Weißt du, Angelina, was das bedeutet? Da muss ich ja schon morgen zurückfahren."

Angelina schien das nicht klar zu sein. Scheinbar locker antwortete sie: „Ach, wer schnell fort geht, kann auch schnell wiederkommen. Zum Glück, mein lieber Scrittore."

Ja, so kann man Abschied auch sehen, dachte ich mir. Aber trotzdem ging mir alles zu schnell.

„Was ist schon Glück?", fragte ich mich einmal mehr. Aber wer kann darauf schon eine ehrliche Antwort geben?

Angelina versuchte, mich zu trösten: „Manchmal ist es wichtig, die Gunst der Stunde zu nutzen. Der Professore wird nicht mehr lange der oberste Boss in diesem Riesenkonzern sein. Er will sich abfinden lassen und mit der Abfindung sein eigenes Projekt in trockene Tücher bringen. Er hat vor, hier bei uns Großes zu verwirklichen." Bedeutet das, dass er hier bleiben wird, fragte es in mir.

Angelina hörte meine innere Frage nicht. Sie erzählte und erzählte: Dass er aus Baristaland und aus dem Palazzo ein Disneyland für Sinnsucher, Tagträumer und Aussteiger machen wolle. Es ginge um eine Totalvermarktung der Pause: Pause als neue Marke, als ein neues Lebensgefühl für Gestresste, das

Baristaland als Erlebnisinsel für Kurzurlauber und Menschen, die ein Sabbat-jahr einlegten. Denn es gäbe eine Mega-Sehnsucht nach magischen Orten und weisen Menschen wie dem Barista.

„Ja, es soll Menschen geben, die glauben, anderen etwas verkaufen zu müssen, was sie selbst notwendig bräuchten. Espressopausen sind gute Gelegenheiten, dieses Spiel zu durchschauen und gleichzeitig das wiederzufinden, was wir ver-loren glaubten", sinnierte der Barista.

Angelina ergänzte: „Aber auch, um das in uns zu suchen, was wir glauben, an-deren verkaufen zu müssen."

„So ist es. Der Professore will sogar an deinem Tod noch verdienen. Er sagt, wenn du gestorben seist, wärst du sogar noch wertvoller. Dann würde er dich zum Mythos aufbauen, zur mystischen Marke."

Der Barista lachte wie ein Buddha, dem man von Erleuchtung erzählt hat, und fügte hinzu: „Espressopausen sind Gelegenheiten, das wiederzufinden, was wir verloren glaubten, aber auch das in uns zu suchen, was wir glauben, anderen verkaufen zu müssen."

Angelina hörte das gar nicht. Sie redete einfach weiter: In der Branche des Professore müsse man schon etwas Besonderes sein, um ganz da oben mehr als hundert Tage zu überstehen. Worauf Papà Barista trocken entgegnete, dass doch wohl jeder Mensch etwas ganz Besonderes, weil Einmaliges sei. Kurzes Luftholen von Angelina, dann ging der Redefluss weiter: Ja, aber nicht jeder sei bereit, so über seine Grenzen zu gehen wie der Professore. Abgesehen davon gäbe es auch keine andere Wahl, als die Erwartungen seiner Shareholder und der Banken zu erfüllen. Leistung zähle, und die drücke sich in Zahlen aus, hätte der Professore gesagt. Bei ihm sei das schon seit Kindertagen so, er sei sozusa-gen in die Leistung hineingeboren. Mit Leistungsdruck müsse man eben umge-hen lernen. Schon allein, weil die Gesellschaft heutzutage Leistung als den höchsten Wert definiere. Der Barista hörte sich all das geduldig an und antwor-tete erst nach einer kleinen Pause:

„Ja, da hat der Professore sicher recht, wenn er seine Geschäftswelt meint. In dieser erfolgsorientierten Welt sieht er nur Ergebnisse und Ziele." Dann sah er zur Wand, an der eine alte Dartscheibe hing. „Wenn du auf dieser Scheibe versuchst, ins Schwarze zu treffen, bist du der Gewinner. Wenn ein anderer auch ins Schwarze trifft, was bist du dann? Und wenn irgendwann das Schwarze in der Mitte besetzt ist, was ist dann Erfolg? Das ist die Welt der Erfolgreichen. Selbst im Sieg muss der Professore noch Versagensangst in Kauf nehmen. Das ist wohl auch ein Grund für seinen lieblosen Umgang mit sich selbst und mit anderen. Und sicher ist es auch ein Grund für sein Gehetztsein. In dieser Welt verwischen die Grenzen von Täter und Opfer. Wir können mit anderen immer nur so umgehen, wie mit uns selbst umgegangen wird, und schrauben dann die Erwartungen so weit nach oben, bis aus Spiel bitterer Ernst wird. Wo das geschieht, raubt uns der Erwartungszwang die Freude und den Sinn. Wir fühlen uns einsam, verlassen und ausgeliefert. Der Lockruf des Erfolges macht die Lust zur Last. Dann kommt die Sehnsucht nach einem Sabbatjahr. Wir wollen erfahren, was uns wirklich fehlt. Ganz einfach: Ein Leben ohne Erwartungszwang, Schuldgefühle und Ängste."

Der Barista wirkte auf einmal richtig traurig. Das war ansteckend und löste in mir eine besorgte Frage aus: „Aber du hast ihm doch gesagt, dass wir uns das Leben nicht verdienen müssen, dass es uns von der Liebe geschenkt wurde, um es zu genießen." Vom Barista kam keine Antwort auf meine Frage, nur Schweigen. Dann sah er mich lange an und sagte: „Eine gute Diagnose ist meist schon die halbe Therapie. Erfolgreiche Menschen leiden oft daran, dass sie das Spielen verlernt haben. Die Werte der Erwachsenenwelt, Fleiß, Ehrgeiz, Geltung oder Macht, sind nicht die Werte der Kinder. Erst wenn wir wieder mit diesen Werten spielen lernen, erlöst sich der Leistungszwang. Wahres Spielen überfordert nicht."

Angelina wirkte nicht mehr ganz so aufgedreht. Nachdenklichkeit schwang in ihrer Stimme mit als sie sagte: „Das gilt auch für dich Scrittore. Vergiss' auf deinem Weg zum Verlag nicht das Geschenk, das du aus Baristaland mitnimmst, die kleinen Pausen. Dann wird dich der Erfolg nicht so kaputt machen. Dann wirst du den Erfolg machen und nicht er dich. Vergiss nicht, zwischendurch immer wieder mal deine Pausenübungen zu machen."

Der Barista schaute mich an: „Wenn du wieder einmal unzufrieden mit dir sein solltest, klopf' dir bei der nächsten Espressopause rechts und links auf die Schulter und gib acht, was geschieht."

Ich wollte das sofort ausprobieren, klopfte mir mit der rechten Hand auf die linke Schulter und anschließend mit der linken Hand auf die rechte Schulter, so, wie es der Barista vormachte.

„Das befreit meine Schultern von irgendwelchen Lasten", stellte ich fest. Der Barista nickte: „Das sind die Erwartungen, die dir andere einreden. deine Existenzberechtigung an eine Bedingung zu knüpfen, ist auch ein Verrat. Ich zum Beispiel liebe dich so, wie du bist und weil es dich gibt." Dann nahm er mich fest in die Arme.

Die neunte Barista-Weisheit
Glück ist das Geschenk der Zufriedenheit, und Zufriedenheit ist das Geschenk der Pause.

Bei meiner zehnten Espressopause
tanze ich dem Leben lustvoll entgegen

Der letzte Tag im Baristaland. Jeder Abschied ist ein kleiner Tod. Was das bedeutet, ist mir jetzt bewusst geworden. Zwischen Erinnerung und Vorfreude tanzen meine Gedanken, wie in Trance. Obwohl ich vor zehn Tagen losfuhr, um ohne Ziel und ohne Plan durch den Süden zu reisen, obwohl ich sogar den Rückreisetermin offen lassen wollte, kam es mir heute Morgen beim Aufstehen so vor, als müsste ich die Heimat, die Familie und meine Freunde für immer verlassen. Dabei ist es genau umgekehrt. Es geht zurück in die Heimat. Und es geht um eine Chance, die nur wenigen vom Himmel geschenkt wird: die Chance, ein erfolgreicher Scrittore zu werden. Das freut natürlich den Scrittore in mir. Der siebte Himmel aber weint.

Mir wird auch immer bewusster: Selbst wenn ich nach diesem Termin, der ja ganz in der Nähe meines Heimatortes stattfinden soll, wieder zurückfahren könnte, weiß ich, dass ich gewandelt zurückkommen würde. Und auch mein Baristaland hätte seine Unschuld verloren, und unsere Liebe wäre nicht mehr so leicht und frei. Das Gleiche wäre nicht mehr das Gleiche, der Zauber des Neuen und Unbekannten verschwunden.

Das spürt der Verliebte in mir, und er spürt deshalb auch den giftigen Geschmack des Abschieds deutlicher als der Scrittore in sich.

Immer wieder sauge ich mich beim Schreiben mit den gleichen Bildern voll: Nur leicht bedeckt liegt Angelinas nackter Körper neben mir: verführerisch und geheimnisvoll zugleich, in aller Schönheit ausgestreckt auf dem weißen Laken. Ich genieße in diesem Erinnern ihre nackten Brüste, ihre sonnenbraunen Schultern, ihr weiches Gesicht, vom Haar locker verdeckt. Ich sehe die Morgensonne in mir und beobachte das unvergleichliche Lichtspiel, und wie der Morgenwind den leichten, durchscheinenden Vorhang wie eine Wolke tanzen lässt. Alles so, als wäre es gegenwärtig. Wie ging es weiter? Ach ja, so: Ich war schon im Begriff aufzustehen, da wollte ich doch noch einmal ein letztes Mal neben Angelina liegen. Ich sah, wie sich ihre geschlossenen Augenlider bewegten, hoffte, dass ihre Augen geschlossen bleiben würden und der Mund still.

„Schlaf weiter", flüsterte ich ihr ins Ohr, „ich werde dir einen letzten Traum erfüllen." Ich sah, wie mein Flüstern auf ihren Lippen ein zartes Lächeln pflanzte und flüsterte weiter. „Ja, bitte träume weiter, träume, dass wir uns mit dem Größten und Schönsten beschenken, was sich Liebende schenken können: einer innigen Umarmung, die in einem tiefen leidenschaftlichen Einssein mündet."

Angelina schien alles geschehen zu lassen.

„Scrittore?", unterbrach sie mein Tun plötzlich: „Sehnsucht bleibt nur dann wach, wenn sie auf Erfüllung warten kann. Deshalb machen wir mit unserem Liebesspiel erst dann weiter, wenn du wieder zurück bist. Ich verspreche dir: Es wird eine wunderbare Liebesnacht werden, so wie es sich Liebende erträumen. Deine Sehnsucht kann sich aus gutem Grund darauf freuen, was dich nach deiner Heldentour, oder wie immer du das nennst, erwartet. Du kommst zurück, und ich weiß warum." Sie stand auf, lächelte mir zu und ging ins Bad.

Und ich lag da mit meiner Sehnsucht und sah zum Fenster, suchte mein Lächeln und wusste, dass es bei Angelina war. Und das war gut so. Ich stand auf, wollte so lange auf den Balkon gehen, um mich noch einmal vollzusaugen mit den vielen Bildern von Baristaland. Unten am Hafen entdeckte ich Arnoldo. Sein Hund lief neben ihm her, als wäre er angeleint. An diesem Tag aber war er das nicht. Mit einer Katze wäre so etwas nie möglich, die hat viel zu viel Freiheitsdrang, dachte ich noch. Etwas weiter entfernt sah ich den Werkstattbesitzer mit seiner Frau, die sich gerade in ein Schimpfen hineinsteigern wollte. Da zog er sie zu sich, drückte sie fest an sich und flüsterte ihr etwas ins Ohr. Die Frau lächelte und hängte sich bei ihm ein. „Also gut, machen wir eine kleine

Espressopause bei Giovanni, bevor wir in unser altes Spiel rutschen", hörte ich ihre Stimme noch, bevor sie unten in der Bar verschwanden.

Ich weiß noch, wie Angelina dann aus dem Bad kam. Es war ihr tatsächlich gelungen, ihre Schönheit noch mehr zum Strahlen zu bringen. Das musste ich ihr unbedingt sagen. Als auch ich mit meiner Morgentoilette fertig war, nahm sie meine Hand, und wir gingen die Treppen hinunter zur Bar.

Unten an der Theke diskutierte der Barista eifrig mit Arnoldo über den Professore und dessen Idee vom Pausen-Baristaland.

„Weißt du, warum er dich angesprochen hat, die Arbeit für ihn zu übernehmen?", fragte der Barista.

Arnoldo wurde hellwach und wartete neugierig darauf, welches Geheimnis der Barista da wohl für ihn bereit hielt.

„Es gehört zum inneren Lebensdrama mancher Menschen, Aufgaben zu delegieren, bei denen auch ein Scheitern möglich ist, weil sie Angst davor haben. Aber Scheitern ist nicht gleich Scheitern. Ein Kind, das bei den ersten Gehversuchen hinfällt, soll auch scheitern dürfen. Wenn es alles gleich perfekt können muss, bekommt es Angst. Es verkrampft und wird unsicher. Wer als Kind ein ganz normales Kind sein durfte, geht auch als Erwachsener anders mit Scheitern um. Wer jedoch bereits als Kind etwas Großartiges und Besonderes werden musste, glaubt, das auch als Erwachsener sein zu müssen. Er leidet vom ersten Atemzug an am Vergleich. Das macht eng, und wenn es eng wird, braucht er einen Sündenbock. Er leidet ein Leben lang darunter, nicht bedingungslos geliebt zu werden. Deshalb braucht vielleicht auch unser lieber Professore einen Erfüllungsgehilfen für riskante Geschäfte, als Stellvertreter, dich zum Beispiel. Wenn du erfolgreich bist, war es sein Verdienst. Wenn du erfolglos bist, hast du es nicht kapiert, und die großzügige Chance, die er dir bot, nicht genutzt. Er selbst bleibt dabei in seinem Wahn bestätigt, besser als du zu sein. Eine kleine Espressopause, und du verstehst die Spielregeln. Der Ärger wird kleiner."

Arnoldo nickte irritiert: „Das Verrückte ist, dass es nicht einmal seine Idee ist. Ich habe ihm von meiner Vision mit dem Zentrum oben in den Bergen erzählt. Und er? Er erzählt mir einen Tag später von der Totalvermarktung der Pausen, die ich für ihn hier als sein Geschäftsführer aufbauen dürfte. Aber jetzt spiele ich mit ihm."

„Du kannst dich noch mehr ärgern, aber du bist nicht verpflichtet dazu, Arnoldo. Mach noch ein paar Espressopausen, und mit jeder neuen kleinen Pause wandelt sich dein Ärger in ein Lächeln. Erinnere dich an die wunderbare Übung, die ich dir in einer deiner Espressopausen gab. Die kannst du dir auch merken, Scrittore: Pflanze, so oft du kannst, ein Lächeln. Bei dir und bei anderen. Reibe mit deinen beiden Zeigefingern gleichzeitig links und rechts deine Mundwinkel und lächele dabei. Du wirst sehen, wie schnell jede deiner Espressopausen zu einer Tankstelle für gute Laune wird. Wenn du willst, kannst du dir dabei noch mit der rechten Hand auf die linke Schulter klopfen und dann mit der linken Hand auf die rechte Schulter. Das fördert die Dankbarkeit für deine Existenz."

Das gefiel mir. Vielleicht würde mir diese kleine Übung auch bei meinen Abenteuern auf der Reise in den Ernst des Lebens helfen.

„Das, was immer wieder mit Heldenreise beschrieben wird, kommt mir vor wie eine Reise in den Ernst des Lebens", entgegnete ich dem Barista. „Sicher eine Beschreibung, die in deine Heimat passt. Wir hier nennen so etwas eben Heldenreise oder Erwachsenwerden. Um zu erkennen, wer du wirklich bist, musst du erst deine Bedeutung in der Welt der Raubtiere und deine Bestimmung in der Welt erkennen. Nur, wenn du lernst, Verantwortung für dich, dein Leben und die Gemeinschaft zu übernehmen, wirst du auch erkennen, wo du wirklich zu Hause bist: in der Pause. Die Pause ist der Freund des Zaubervogels, weil sie ihn zum Wesentlichen führt."

Schließlich beschlossen Angelina und ich, zum Abschied noch einmal ins Kloster hinauf zu fahren. Arnoldo bot an, uns mitzunehmen, weil er sowieso zu seinem Haus fahren wollte. Das gefiel Angelina, und gleich schob sie noch eine zweite Idee nach: „Lass uns rückwärts zu seinem Auto gehen, dann gibt es ein baldiges Wiedersehen." Angelina folgte als Erste ihrem eigenen Ratschlag und lief rückwärts zum Auto. Ich versuchte, es ihr nachzutun, stolperte aber und rutschte im Hundekot aus. Was das wohl zu bedeuten hat?

Wir fuhren die gleiche Strecke wie beim ersten Mal, und doch war alles anders. Ein Hauch von Abschied lag überall in der Luft, in den Farben, den Gerüchen, den Geräuschen. Angelina ließ sich bei jeder Kurve lachend zu mir fallen, und ich fiel lachend zurück. Unser Lachen war etwas zu laut. Das Reden etwas zu viel. Die Berührungen etwas zu stark. Die Blicke etwas zu lange. Abschied eben.

Viel zu schnell standen wir vor dem Klostertor. Arnoldo bot an, uns auf dem Heimweg wieder mitzunehmen. Danach waren wir erst einmal allein. Wie selbstverständlich öffnete Angelina die Pforte. Ich staunte. „Klosterpforten öffnen sich nach innen", nahm sie eine Antwort vorweg auf eine Frage, die ich gar nicht laut gestellt hatte. Ein schmächtiger alter Mann mit viel zu großer Kutte stand allein im großen Vorhof. Er nickte uns freundlich zu und blieb still. Wir gingen über die Schwelle und blieben ein paar Meter von dem alten Mann entfernt stehen.

Vorsichtig, keinen unnötigen Laut verursachend, gingen wir weiter Richtung Kirche, vorbei an uralten Säulen, an verwitterten Grabsteinen, an seltsamen Inschriften. Dann kam eine Tür, und wir befanden uns auf einmal in der Kirche. Ein großes bemaltes Gewölbe über uns und der Gesang: Wie vom Himmel kommend, wie eine Einladung zum Himmel hoch zu kommen, leicht wie Engel zu werden, umschmeichelten uns die sich immer wiederholenden Gesänge. Wie zwei Reisende standen wir da, zwei Touristen auf dem Weg in die Ewigkeit. Wie zwei Königskinder im Hochzeitssaal, Händchen haltend und lauschend. Wir setzten uns. Kein Schwatzen, kein Lachen, keine aufgesetzte Lockerheit, nur andächtiges Lauschen.

Wie lange? Wie lange noch? Die Seele der großen Liebe kennt nur zeitlose Pausen, die genau dort zu Hause sind, wo Himmel und Erde sich berühren.

An der Wand neben dem Altar ein großes gemaltes Kreuz. Die Senkrechte und die Waagerechte gleich lang. Der Schnittpunkt in der Mitte aus matt glänzendem Gold, drum herum ein Kreis, der das Kreuz umschloss oder begrenzte.

Welches Geheimnis sich wohl hinter diesem jahrhundertealten Symbol versteckte, fragte ich mich. Der alte Mann sollte es wohl wissen. Ob ich ihn fragen durfte? Wir gingen wieder in den Vorhof zurück.

Ich stand da, schaute in den Himmel und dann auf das alte Steinpflaster unter mir. Wir standen auf einer Gruft. Auf dem Stein wieder dieses Kreuz. Noch immer hielten wir uns an den Händen. Der alte Mann hatte sich leise neben uns gestellt und lauschte wie wir den Chorstimmen. Ich traute mich nur zögernd, den Alten zu fragen:

„Signore, was bedeutet das Kreuz mit dem goldenen Punkt und dem Kelch darunter?"

Der alte Mann schaute sich um, dann breitete er seine Arme aus, so als ob er ein Gekreuzigter sei.

„Das ist das Symbol unseres Lebens. Wir sollen zuerst wachsen wie ein Baum und unsere Größe erfahren. Das können wir am besten, wenn wir in die Welt hinausgehen. Dafür steht die Horizontale des Kreuzes. Vom Baum können wir lernen, dass es nicht nur um Größe geht, sondern auch darum, dass unserer Sehnsucht Wurzeln wachsen. Das wird durch die vertikale Achse des Kreuzes symbolisiert. Mit diesen Erfahrungen ausgestattet, machen wir unsere Gralserfahrung. Wir lernen, wohin unser Herzblut fließen will: in den heiligen Kelch. Das ist meist mit einer tiefen Einsicht verbunden. Mit dieser Erfahrung ausgestattet, gehen wir wieder in die Welt. Von nun an leben wir aus unserer eigenen und zugleich großen Mitte heraus. Wir fühlen uns in den Dienst unserer Bestimmung genommen und leben selbstverantwortlich. Dafür steht der goldene Kelch. Jeder will sich nach langen Irrungen und Wirrungen, zwischen Himmel und Erde, im Urgrund allen Seins, aufgehoben fühlen. Diese heilige Sehnsucht erfüllt sich nur, wenn wir aus unserer Mitte heraus unsere Bestimmung leben und lieben. Aber bevor wir bereit sind, unser Kreuz zu tragen, muss etwas von uns sterben. Denken Sie an einen Apfelkern und seine scheinbaren Umwege, bis er unsterblich geworden ist."

Der alte Mann bekam Augen, die über sein Diesseits hinaus in sein Jenseits schauten, als er uns sein größtes Geheimnis verriet: „In jedem von uns erfüllt sich ein Teil der Sehnsucht nach Unsterblichkeit."

Ich dachte an die Worte des Barista, mit denen er mir einmal empfohlen hatte, in der Nacht am Strand zu meditieren, damit ich die heilige Pause erleben könne. Das Einverstanden-Sein mit allem. Bei diesem Gedanken bekam ich eine Vorstellung von dem, was der Alte meinte. Schon einmal kam diese Ahnung in mir hoch, als ich mit Angelina ganz in der Nähe das erste Mal eine heilige Hochzeit feierte. Ich war plötzlich überzeugt, dass eine solche Erfahrung für den goldenen Punkt in der Mitte steht.

„Dieser goldene Punkt ist wohl auch das Symbol für die heilige Pause?", fragte ich und gleichzeitig wusste ich es. Eine solche Pause ist unser Wegweiser in eine viel größere Wirklichkeit, die manche Menschen Gott nennen. Nur in der Pause bekommen wir eine Ahnung davon, was diese Wirklichkeit ist und wie sie wirkt. Diese Pause ist die Luft, die unsere Seele zum Atmen braucht."

Wie dieser alte, schmächtige, bärtige Mann mit dunkler Kutte so vor uns stand, mich mit durchscheinenden Augen ansah, begann ich die Größe des Weges zu verstehen, der vor jedem liegt: vor mir, vor Angelina, vor Arnoldo, dem Barista und vor diesem alten Mann mit der Kutte. Nur dass nicht jeder schon sagen kann, dass ES vollbracht ist. Ich bekam Angst vor der Größe meiner Aufgabe. Wie gut, dass ein Engel neben mir stand. Ich drückte Angelina fest an mich.

„Ob Engel oder Teufel, ob Freund oder Feind, auf diesem Weg sind dir alle fremd und zugleich nah, Glück und Unglück gleichermaßen. Je näher du dieser besonderen kleinen Pause kommst, umso näher kommst du dir selbst. Je näher du deiner eigenen Natur kommst, umso näher kommst du der großen Natur, von der du nie getrennt warst und in der du ewig verwurzelt bist. Die Einsamkeit ist nur die eingebildete Einsamkeit aller Getrennten. Und dieses Gefühl des Getrenntseins fühlt sich nur so an. All das und viel mehr erkennst du in einer Pause, die von Gnade durchströmt ist. Ich nenne sie die heilige Pause. Sie sagt dir auch: Die Geliebte, von der du dich trennst, ist das Bild der Geliebten in dir. Der Feind über den du dich stellst, ist das Feindliche in dir, das erlöst werden will, damit es dir dienen kann."

Es war, als könnte die heilige Pause sprechen, lautlos und in unsere Stille hinein. Ich erkannte in den Worten des Alten die Weisheit des Barista wieder: „Pausen sind die Luft, die unsere Seele zum Atmen braucht." Hatte er mir nicht in so einer Stille seine Weisheit über den Atem anvertraut, die auch in dieser Tiefe zuhause war?

„Am Atmen erkennst du, ob der Mensch, der dir gegenüber steht, lebt oder gelebt wird. Deshalb gönne dir immer so viele kleine Pausen, wie du brauchst, damit du frei atmen kannst. Denn Freiheit ist die Wegbegleiterin der Liebe."

Dann schwieg der Barista in mir und mit ihm auch der Chor. Wir verließen das Kloster ruhiger und wissender, als wir kamen und hielten nach Arnoldo Ausschau, der uns auf dem Heimweg mit zurücknehmen wollte. Aber von Arnoldo war nichts zu sehen. Vielleicht war er schon heimgefahren? Vielleicht war er noch in seinem Rustico? Also gingen wir in Richtung Rustico und standen irgendwann vor dem See, wie schon einmal. In wie vielen Tagen oder Wochen oder Monaten oder Jahren würde das wieder so sein? Keine Antwort. Es blieb still in mir und um mich herum. Es ist nichts zu tun, flüsterte mir der See zu. Nicht tun. Nur stehen und den Boden unter den Füßen spüren. Dann die Schuhe ausziehen und den Boden unter den Füßen wirklich spüren. Ein paar Schritte mit nackten Füßen gehen. Vielleicht die Füße ganz achtsam heben, senken, stehen, heben, senken, stehen. Die Unruhe in mir spüren und loslassen. Die Gedanken kommen und gehen lassen. Meist ist das, was wir uns sehnlichst wünschen, schon da, kam mir in den Sinn. War es die große Ruhe, nach der es mich sehnte und die gleichzeitig da war?

Schließlich entdeckten wir Arnoldos Auto vor dem Haus. Die Tür war offen, aber Arnoldo nicht da. Wir warteten eine Weile, schauten in den Himmel, in die Weite des großen blauen Meeres. Ein Abschied, bei dem alles schon gesagt ist, ist so, als sollte ein Zug losfahren und darf nicht, weil das Signal ausbleibt. Die Sekunden ziehen sich in die Länge zu endlos schmerzhaften Pausen.

Angelina drückte sich wieder und wieder so fest an mich, wie sie nur konnte. Dann ließ sie mich los.

„Ich warte auf Arnoldo. Bitte lauf du schon mal los, du musst ja noch packen und dich bei meinem Vater verabschieden. Wir sehen uns später", sagte sie, und ihr Gesicht bekam eine tiefe Entschlossenheit.

„Si, subito, Angelina, ich gehe ja schon."

Ich lief hinunter zur Ortschaft, alles fühlte sich leicht an. Ich packte mein Auto, verabschiedete mich vom Hafen, von den Schiffen, den Häusern, und es fühlte sich leicht an. Als ich mich vom Barista verabschieden wollte, bat er mich, ihn ein Stück bis zum Friedhof mitzunehmen. Kein letzter Espresso.

Ich übte das Lächeln im Abschied, wie ich es in den Tagen mit dem Barista gelernt hatte. Jede Pause ist eine neue Gelegenheit für ein Lächeln. Lag es am fehlenden Espresso, dass dieses Lächeln nicht recht gelingen wollte? Dann fuhr ich den kleinen Umweg über den Friedhof, um den Barista abzusetzen und ein letztes „Ciao" zu sagen.

„Bis wir uns wiedersehen, werde ich auch mein Buch fertig geschrieben haben. Die Sehnsucht, es zu schreiben, verdanke ich dir."

Ich wurde nachdenklich, aber der Barista fing diese leichte Melancholie mit einer Prise Hoffnung auf.

„Ein letztes Pausengeheimnis erfährst du jetzt zum Abschied. Wer weiß, ob und wann wir uns wiedersehen. Jede echte kleine Pause ist ein Gebet, eine Danksagung an das Leben, an die Liebe oder an Gott. Gott ist für mich das andere Wort für Liebe. Wenn du von einer ganz besonderen Person ein ganz einmaliges, wertvolles Geschenk bekommst, dann wirfst du es nicht einfach weg. Du gehst damit würdevoll und pfleglich um und zeigst auf diese Weise Respekt und Dankbarkeit. So ist es auch mit dem Geschenk, das wir Leben nennen." Der Barista klopfte mir auf die Brust und fuhr fort: „Je älter ich werde, umso mehr Wertschätzung empfinde ich für dieses Geschenk. Manchmal ströme ich über vor Dankbarkeit. Dann nehme ich mir eine kleine Pause, nur um mich selbst wertzuschätzen. Kleine Pausen sind wie eine Verneigung vor dem wertvollsten, das ich habe: meinem Leben. Sie sind für mich gelebte Wertschätzung meiner selbst und eine Bedingung dafür, die Menschen wertzuschätzen, die wir zu lieben glauben."

Ich kam mir vor wie ein Geheimnisträger: Stolz und geschützt wie in einem Eichenfass. Ein Bild, das ich vom Barista hatte, wenn er Leuten ein sicheres Gefühl geben wollte. Manche großen Sehnsuchtsbilder entfalten ihre Bedeutung erst, wenn wir ihnen eine kleine Pause gönnen. Ich spürte die Bedeutung dieser kleinen Pause im Schweigen. Dann erst traute sich ein Satz über meine Lippen: „Vielleicht werde ich dein Nachfolger, Papà Barista!"

Der Barista zuckte die Achseln: „Vielleicht."

Wir umarmten uns wie Helden, die ahnen, dass sie sich nie mehr wiedersehen werden. Dann ging der alte Barista hinüber zum Friedhof, winkte noch einmal und verschwand durch das Friedhofstor. Ich war überrascht, wie schnell er hinter den Mauern verschwunden war. Anschließend fuhr ich zu Arnoldos Haus, wollte Angelina ein Stück entgegenkommen, konnte sie aber nicht finden. Arnoldos Auto war verschwunden und die Tür des Rustico verschlossen. Keine Antwort auf mein Rufen und keine Antwort in mir.

Unsicher und aufgeregt kehrte ich noch einmal zur Bar zurück. Auch hier keine Angelina, nur der Professore. Er saß an meinem Platz unter der Pergola und winkte mir lässig zu. Ich setzte mich an die Hafenmauer und überbrückte das Warten mit Schweigen.

Da niemand kam, stieg ich wieder ins Auto, machte noch einmal eine Schleife und fuhr die Straße hinauf, an die Stelle, an der alles begann. „Jetzt nicht stehen bleiben! Jetzt nicht noch einmal umdrehen. Jetzt einfach weiterfahren, als wärst du nie hier gewesen. Die wesentlichen Bilder sind alle in dir", redete ich mir ein. Aber der Scrittore wollte das nicht. Er wollte genau an diesem Ort, an dem alles begann, all das Ungeschriebene dieses Tages in das Pausentagebuch schreiben. Und so blieb ich eine Weile, um über das zu schreiben, was noch geschrieben werden wollte.

Die zehnte Barista-Weisheit
Am Atmen erkennst du,
ob ein Mensch lebt oder gelebt wird.

Nachtrag

Als ich glaubte, das Pausentagebuch endgültig schließen und losfahren zu können, ließ ich meinen Blick noch einmal schweifen. Da stand auf einmal Angelina an der Straße, ich traute meinen Augen kaum, wie eine Anhalterin, wie eine zufällig Wartende. Ich fuhr ihr entgegen.

„Angelina, ich habe dich so gesucht!", rief ich ihr erleichtert entgegen. „Und ich habe dich gefunden!", antwortete sie. Dann stieg ich aus. „Ich lasse dich doch nicht einfach so gehen! Das ist für dich." Sie gab mir ein Päckchen. „Aber noch nicht öffnen."

Ich war hilflos, fühlte mich überfordert. Was hatte ich für sie? Ich streckte ihr mein Pausentagebuch entgegen. „Und das ist für dich." Angelina wirkte verunsichert: „Das ist dein Pausentagebuch. Das wirst du noch brauchen."

Ich hörte mich sagen: „Damit es dir leichter fällt, die kurze Zeit des Wartens zu überbrücken."

Küsse, wieder Küsse und zärtliche Abschiedsberührungen.

„Aber dann musst du es hier und jetzt bis zum letzten Abschied zu Ende schreiben", brach sie unser Schweigen.

Wir saßen Rücken an Rücken am Straßenrand, Sie, die Wartende, ich, der zu Ende Schreibende, und genossen spielerisch die letzten Minuten der Gemeinsamkeit.

So schreibe ich über unseren Abschied:

„Jetzt, wo alles gesagt und auch geschrieben ist, da braucht es keine Tränen mehr, nur ein kurzes „Arrivederci", ein „Auf Wiedersehen!", das eine kurze Zeit der Trennung überbrücken soll. Gleich werde ich in den Sonnenuntergang fahren, immer in Richtung Autostrada del Sole. Bei der ersten Gelegenheit werde ich stehen bleiben, werde dein Päckchen öffnen und sehen, was du mir geschenkt hast. Vielleicht ist es ein Päckchen Caffè? Original Baristaland, für viele kleine Pausen.

Ich wundere mich, wie leicht es mir fällt, dir mein Pausentagebuch zu schenken. Alles wirklich Wesentliche, was in diesem Buch steht, findet sich auch in meinem Herzen geschrieben. Und außerdem bin ich ja schon fast wieder zurück.

Ich lieb dich für immer.

Dein Scrittore

Heimkehr oder
was bleibt vom Baristaland

Das Gleiche ist nicht mehr das Gleiche

Erlösung dem Verräter. | Die heilige Hochzeit. | Die kleinen Pausen sind der Jakobsweg der Seele auf ihrem Weg zur großen Freiheit. | Wo Freiheit ist, hat Stress keinen Platz mehr. | Vom großen Wert der kleinen Pausen. | Die neue Achtsamkeit. | Das Geheimnis des Glücks liegt in der Zufriedenheit. | Das große Wunder der kleinen Pausen.

Ich war mit dem Lesen des Pausentagebuchs kaum zu Ende, da meldete sich in das betretene Schweigen hinein schon der Coach in mir. Achtsamkeit, Entschleunigung, Wertschätzung, Sinn und Bewusstheit, das sind schon immer meine Schlagworte, wenn es darum geht, das Geheimnis der Pausen zu ergründen, hörte ich seine Stimme in mir. Er versuchte so eine Distanz zur inneren Betroffenheit zu finden. Wie viele Anregungen für seine Arbeit hatte er in diesem Pausentagebuch gefunden! Mit gutem Recht konnte er sich durch dieses Pausentagebuch aber auch in seiner Arbeit bestätigt fühlen.

Anschließend traute sich der werdende Lebenskünstler in mir aus seiner Deckung. Sah er nicht schon immer das Leben als Liebesspiel? Ging es nicht schon immer im Leben darum, mit seinen Möglichkeiten spielen zu lernen? Der Lebenskünstler in mir fand besonders die Idee, Espressopausen als heilsamen Pfad zu mehr Lebensfreude und Gesundheit einzusetzen, einfach und genial. Und der Scrittore, Dichter und Maler, der innere Regisseur? Diese inneren Kellerkinder, die so lange wie das Pausentagebuch unbeachtet blieben? Die fühlten sich wie Pilger, die erst am Ziel eines langen Pilgerwegs erkannten, woran sie wirklich litten.

Wie weit hatte ich mich in all den Jahren von der Quelle entfernt, aus der ich lebte! Wie groß muss meine Einsamkeit geworden sein, dass sie selbst durch die dicken Mauern des Verdrängens hindurch noch als Unzufriedenheit und Angst zu spüren war? Wie weit hatte ich mich von dem lebensfrohen und liebesfähigen Menschen entfernt, der ich einst war? Selbst wo ich wirklich zu Hause war, hatte ich durch das viele Unterwegssein vergessen. Und auf die Frage nach dem Warum fand ich erst recht keine ehrliche Antwort.

Jetzt aber fühlte ich mich wie ein Goldgräber, der nach langem Suchen endlich fündig wird. So war auch der vergessene Lebenskünstler voller neuer Hoffnung. Und ich, der ich doch eigentlich der Regisseur all dieser gelebten und ungelebten Teile in mir sein sollte? Ich war noch nicht ganz zufrieden. Brauchte ich nicht alle meine Kellerkinder, wenn wir das Spiel meines Lebens spielen wollten? Brauchte ich nicht ein Happy End? Eine gelungene Schatzsuche?

Ich stellte mit Erstaunen fest, dass ich den Schatz, den ich suchte, nie verloren hatte. In all dem zwanghaften Jagen nach Erfolg und Anerkennung hatte ich vergessen, dass dieser Schatz nur darauf wartete, von mir wieder erinnert zu werden. Es ging mir nicht anders als meinen Klienten: Auch sie wissen meist, dass sie unzufrieden sind, ja sie wissen sogar, wie sie zufriedener und glücklicher sein könnten, aber aus Angst vor dem Scheitern wagen sie nicht, das Neue auszuprobieren und verlieren so ihre Freiheit.

Wo Freude und Freiheit verloren gingen, entstünde Stress und Burnout. So erzählte ich es seit Jahren auf meinen Vorträgen. Auch für mich galt dieses Gesetz, und es wird seine Gültigkeit nie verlieren. Sehnsucht begann in mir zu keimen. Ich strich einmal mehr zärtlich über mein Pausentagebuch. Solche kleinen Pausen, wie ich sie in diesem Buch beschrieb, würden mich zum weisen Lebenskünstler werden lassen. Erfolg würde wieder Freude machen und Freundschaft mehr als eine Nutzpflanze sein.

„Alles, was ich wirklich brauche, versteckt sich in den kleinen Pausen! Dass mir dies wieder bewusst wurde, verdanke ich dir, lieber Barista!", rief ich in den Nachthimmel hinein.

Ich öffnete mein Pausentagebuch, schloss es, öffnete es wieder, blätterte in den ersten Seiten und bemerkte erst jetzt den Satz, den mir der Barista mit fein säuberlicher Handschrift unter den Titel auf der ersten Seite geschrieben hatte. Wie konnte ich diesen Satz, der so prominent da stand, überlesen? Sollte dieser Satz ein Vermächtnis sein? Ich spürte, wie eine neue Wachheit mir den Weg zu verborgenen Schätzen zeigen wollte. Dann begann ich, mir den Satz des Barista noch einmal, diesmal aber ganz bewusst und langsam, halblaut vorzulesen:

Beobachte die Natur
in ihrem Bemühen um Heilung
und lerne von ihr.
So wirst du wieder frei und erkennst,
was es heißt, zu leben.
Dein Barista

(frei nach Hippokrates von Kos ca. 460 v. Chr.)

Die Wiederholung ist wirklich die Mutter aller Weisheit. Langsam verstand ich: Ja, dieser Satz war ein Vermächtnis! Halblaut begann ich einen inneren Monolog: „Wenn ich das Pausentagebuch in diesem Bewusstsein lese, gibt es mir die entscheidenden Antworten auf alle wesentlichen Fragen des Lebens. Wann habe ich das letzte Mal die Natur mit diesem Bewusstsein beobachtet? Wann habe ich das letzte Mal ihren weisen Antworten gelauscht? Die Natur als Trägerin eines Geheimnisses, das mir sagt, wer ich bin, wohin ich gehe und worum es hier auf dieser Welt geht? Ich brauchte eine zweite Chance, um die Bedeutung dieses Satzes zu verstehen. Wie oft geschieht es im Leben, dass wir eine zweite Chance brauchen, um etwas zu verstehen? Wie oft geschieht es, dass uns das Schicksal noch einmal eine Hilfe anbietet, weil wir deren Bedeutung beim ersten Mal nicht erkannten? Mal ist es der Anruf einer Freundin, mal ist es ein scheinbar unbedeutender Brief, mal ein kurzes Gespräch mit einem Fremden, ein Satz, ein Wort, ein Blick. So kam es mir in diesem Augenblick vor: „Dieser handgeschriebene Satz des Barista, ist ab sofort für mich nicht nur der rote Faden, der sich durch alle Kapitel meines Pausentagebuchs zog, er ist weit mehr: Er ist die Handlungsanweisung für Menschen, die wie ich um eines scheinbaren Erfolges willen zu Verrätern ihres Lebens wurden. Jetzt weiß ich es: Sie verrieten nicht nur sich selbst, sondern auch die Liebe. Aber dieser Verrat ist nicht sinnlos, denn er führt zu einem neuen Bewusstsein, dass alles da ist, was ich wirklich brauchte. Ich weiß auf einmal, dass ich mit allem Wesentlichen verbunden bin, weil ich ein Teil davon bin." Ich brauchte nach dieser Erkenntnis eine kleine Pause, eine kleine bewusste Pause, dann klang es aus einer großen Herzenstiefe leise nach oben: „Wer das alles weiß, der ist geheilt."

Es wurde ruhig, ganz ruhig in mir. In so einer Ruhe werden neue Eindrücke geboren: Bilder von Dankbarkeit, von Staunen, von Freude und von Liebe, die nicht haben muss, nur geben will.

Meine Blicke wanderten über den spärlich beleuchteten Hafen, hinüber zum Strand, den ich im Nachtdunkel nur erahnen konnte, dorthin, wo ich mit Angelina wunderschöne Liebesnächte verbringen durfte. Es kam mir so vor, als würde ich ihren warmen Körper neben mir spüren. Der Rest war einmal mehr Schweigen. Schweigen ist die große Schwester der kleinen Pause, die uns ein kleines Lächeln schenken will, hörte ich eine unbekannte Stimme in mir sagen. Der Versuch, mir dieses kleine Lächeln nach langer Zeit wieder schenken zu lassen, misslang. Wie ein langer Schatten reichte die Vergangenheit in den gegenwärtigen Augenblick. Ich dachte an Angelinas Versprechen mit der leidenschaftlichen Liebesnacht nach meiner Rückkehr und gleichzeitig an die erste graue Strähne in ihrem Haar. Da fiel mir ihr Brief wieder ein. Warum war es ihr so wichtig, dass ich diesen Brief erst öffnete, wenn ich mit dem Lesen des Pausentagebuches fertig war? Wie lange lag er schon ungelesen in meinem Buch? War es vielleicht ein vergessener Liebesbrief? Ein Brief voller Hoffnung, vielleicht voller Wut? Vielleicht war es der

Versuch eines jungen Mädchens, das durch Schreiben mit einer großen Enttäuschung fertig werden wollte? Solche Versuche mit nicht abgeschickten Trauerbriefen kannte ich aus meinen Coachings. Sie hatten ihre Aufgabe in dem Moment erfüllt, in dem sie geschrieben waren und wurden nie geöffnet. Irgendwann verschwanden sie für immer. Erst dann gewannen sie an Wert.

Neugierde machte sich breit. Ich nahm den Umschlag, „Für Dich, Scrittore!", stand darauf, und öffnete ihn vorsichtig. Ganz vorsichtig nahm ich den Brief heraus, strich das Papier glatt und begann zu lesen:

Ein letzter Brief

Von Zwei'n muss der
am meisten leiden,
der am meisten liebt.

Nicht nur das, was in diesem Gedicht steht, weiß ich durch die Erfahrungen mit dir, mein lieber Scrittore. Ich weiß durch dich auch, dass erst mit dem Verlieben das Liebenlernen kommt. Lieben zu lernen heißt zu lernen, unserer Sehnsucht zu folgen.

Meine Sehnsucht ist immer noch, dich als den zu erkennen, der du wirklich bist. Bis heute weiß ich nur, wer du nicht bist. Um zu erkennen, wer du wirklich bist, musste ich dich zuerst loslassen, auch wenn meine Angst groß war, dich für immer zu verlieren. Jetzt frage ich mich, bist du noch der, der mich interessiert, oder bist du in all den Jahren im

Erfolgssumpf zu einem gefühllosen, kalten Roboter geworden? Bist du zu einem Mann geworden, dessen Kälte mich umbringen würde? Ich frage mich auch: Welches Bild hast du von mir durch die Jahre gerettet?

Ich sehne mich danach, dass auch du mich als die erkennen willst, die ich wirklich bin. Bis jetzt bin ich nur eine Leinwand, auf die du deine Träume projizierst. Was ist, wenn dieser Liebesfilm zu Ende ist und dich das Schicksal auffordert, mich nackt, verletzbar und mit all meinen Schattenseiten zu sehen?

Vielleicht wirst du irgendwann erfahren, was meine Rolle in deinem Lebensspiel wirklich war. Aber den Satz, der jetzt in meinem Drehbuch steht, kann ich nur schweigend an dich weitergeben: „Ich gebe dich frei!" So ein Satz gelingt nur, wenn wir uns in die Augen sehen.

Auch deshalb warte ich auf dich. Ich warte auf dich, bis mir das erste graue Haar zeigt, dass auch die Hoffnung ihre Grenzen hat.

Aber noch ist es Sonnenaufgang.

Dein Engel

Die Heilkraft des Dankes

Das Liebesspiel. | Wie aus Wunden Kräfte werden. | Vom Dienen zum Verdienen. | Die vergessenen Fragen. | Wir sind viel mehr als unser Beruf. | In unserem Leben geht uns nichts Wesentliches verloren. | Was wirklich wesentlich ist, erkennen wir nur in der Pause. | Das wirklich Neue ist die neue Einsicht. | Ausprobieren heißt das neue Zauberwort.

Ich hatte die letzten Zeilen des Briefes kaum gelesen, da wurde mir bewusst, was ich Angelina alles verdankte. „In meinem Leben fehlt bis heute ein großes Danke an dich, liebe Angelina", sagte ich zu mir selbst. Ein Satz schwappte aus meiner Erinnerung wie ein leises Liebeslied in meine Gegenwart: Manche kleinen Pausen dauern so lange, wie wir brauchen, um uns ein Lächeln zu schenken.

Ich schob den Brief wieder in den Umschlag und schloss das Buch endgültig. So saß ich nachdenklich stumm da, schaute ich mehr in mich hinein als nach außen. Nur ein paar Meter von mir, getrennt durch eine Zimmerwand, lag sie, vielleicht schlafend, vielleicht auch träumend.

Ich lauschte, so wie früher, um ihr näher zu sein. Spielte da nicht leise Musik? Hatte ich nicht Geräusche gehört? Stimmen? Die Melodie kannte ich noch. Ein altes Partisanenlied. Den Text hatte ich damals im Baristaland verändert. Ungefähr so: „Bella ciao. Auf Wiedersehen, du Schöne der Nacht." Wie oft sangen wir dieses Lied unten am Strand. Ich sang so falsch und sie sang so schön. Ich drückte mein Ohr an die Wand, wanderte mit den Sinnen in ihren Raum und erschrak. Hinter der Musik sanfte Liebesgeräusche und eine erkennbare Männerstimme, die der erlauschten Leidenschaft eine neue Bedeutung gab. In den Minuten zwischen Gewissheit und Nicht-wahr-haben-wollen ist genug Platz für Pausen. Solche Pausen müssen grausam sein, damit sie uns aus unseren Träumen reißen können.

Ich rannte auf den Balkon, schlich wieder ins Zimmer, dann wieder auf den Balkon, wollte verdrängen, suchte Klarheit, wünschte mir Halt, wollte mich von der Nacht auffangen lassen, wie von einer tröstenden Mutter. Schließlich kehrte ich ins Zimmer zurück. Ich brauchte mein Ohr nicht mehr an die Wand zu drücken, zu laut waren die Geräusche einer leidenschaftlichen Begegnung.

Ich versuchte mich irgendwo festzuhalten. Sinnlos. Ist dies die Ohnmacht, die das Sterben so schwer macht? Jedes Aushalten übt das Sterben mitten im Leben. Noch einmal auf den Balkon, um mich selbst und meinen Puls zu spüren, um wieder zu mir selbst zu kommen. Dann trieb mich die Neugierde wieder zurück. Hinter der Wand war die Welt jetzt in Ordnung. Ich beschloss, ans Meer zu gehen, schlich mich die Treppe hinunter, verließ das Haus Richtung Hafen und ging hinunter zum Strand. Dort saß ich endlos lange.

Wo der Schmerz am größten ist, beginnt auch der Weg in das größte Geheimnis der Pausen.

Mein Blick wanderte noch einmal in die Unendlichkeit des Nachthimmels über mir. Ich entdeckte das, was wir Milchstraße nennen. Wie hatte ich gelesen: Irgendwo, eingebettet in dieses gewaltige System Milchstraße, befindet sich unser Sonnensystem. Dort ist unsere Erde nur ein kleines Staubkorn. Auch unsere Sonne mit ihrem Sonnensystem ist verschwindend klein in dieser Milchstraße Und sie wiederum ist lediglich ein kleines System in einem noch größeren und, und, und … Mein Blick wanderte nach innen. Auch in mir sind solche Universen. Auch in mir liegt hinter jeder auftauchenden Angst eine neue unbekannte Sehnsucht und hinter jeder neu entdeckten Sehnsucht wieder und wieder eine neue Angst. Aber jede Sehnsucht bringt mich mehr und mehr in eine neue Liebe.

„Was brauche ich wirklich?", fragte ich in den Sternenhimmel hinein. Ich dachte an all das, was ich unbedingt in meinem Leben haben wollte, irgendwann haben musste. Ich dachte an die vielen Vergleiche, die mich oft unzufrieden machten, und an die vielen unnötigen Abhängigkeiten. Da fiel mir eine Übung ein, die ich gerne mit meinen Klienten machte: „Erstelle auf einer Rangliste von 1 bis 10, was dir in deinem Leben jetzt am wichtigsten ist. Lies dir diese Liste laut vor. Dann kürze diese Liste bis auf die drei wichtigsten Punkte." Ich folge dieser inneren Stimme. Gesundheit, Zufriedenheit, Liebe. Diese drei Punkte blieben übrig. Ein Gefühl von Einverstandensein machte sich breit. Als ich endlich müde wurde, kehrte ich ins Zimmer zurück. Der Schlaf ist der große Bruder der Pause. Ich vertraute mich diesem großen Bruder an und schlief ein.

Die Sonne stand schon hoch, als sie mich aus meinem Schlaf weckte. Langsam lief ich zur Bar hinunter, von neuen Gedanken wie von unsichtbaren Wolken eingehüllt. Ein Mann stand hinter der Theke und begrüßte mich mit einem offenen Gesicht. Er redete gerade mit einem Gast, der bei ihm an der Theke stand.

„Fünf Espressopausen lang nichts anderes als Schweigen", hörte ich diesen neuen Barista noch zu Ende reden. Der Gast bedankte sich überschwänglich, wie es die Gäste meist auch beim alten Barista taten, und verschwand.

„Einen Espresso, bitte", bat ich. Zugleich arbeitete es in mir, woher ich dieses Gesicht wohl kannte. Dann wie ein Blitz: der Professore! Dieser Mann hinter der Theke war der Professore! Und gleichzeitig war er es nicht. Was musste im Leben dieses Mannes alles geschehen sein, damit solch eine Wandlung möglich war? Wie ein Scanner tastete ich ihn ab: die Augen einladend offen. Um den Mund ein leichtes Lächeln. Die Haare gepflegt mit grauen Schläfen. Die Figur schlank und elastisch. Das elegante, weiße Hemd am Kragen offen. Die langen Finger tanzten locker an der Kaffeemaschine, wie es Baristas Markenzeichen war. Er schien glücklich und zufrieden zu sein. Und doch lag ein Hauch von Trauer in seinen Augen.

Ich beobachtete, wie er den Caffè in die glänzende Gruppa presste, sah, wie er noch einmal zart über das Pulver strich und dann den Espresso mit großer Hingabe brühte.

Der Schlaf ist der große Bruder der Pause.

„Signore Professore?", fragte ich vorsichtig.

„Si, Signore Giovanni, oder soll ich Sie Scrittore nennen?"

Ich schüttelte den Kopf.

In diesem Moment kam Angelina vom Garten ins Haus.

„Wir haben schon mit dem Frühstück auf dich gewartet. Lass uns in den Garten gehen."

Sie begrüßte den Professore mit einem Kuss, der von der leidenschaftlichen Nacht übrig geblieben war.

„Ihr habt euch schon begrüßt?", fragte sie den Professore.

Der nickte und sah mich freundlich an.

Wir gingen in den Garten. Ein reich gedeckter Tisch stand unter dem Olivenbaum. Wir setzen uns. Die nächste Zeit galt den Fragen, den Antworten, die nach so langen Wiedersehenspausen üblich sind. Was hier in Baristaland in diesen Jahren alles so geschehen und nicht geschehen, was aus wem geworden oder nicht geworden war und dass man mir unbedingt noch etwas von Papa Barista mitgeben wollte. Eine Erinnerung, ein Vermächtnis vielleicht, eingepackt wie ein Buch. Es war ebenso im Alltag untergegangen wie mein Pausentagebuch.

Es tat mir gut, dass der Professore viel von sich erzählte. Von seiner Wandlung, nachdem er mit einer kurzen SMS seinen Job verloren hatte, von der Zeit danach, in der er durch Krisen und Todesängste ging. Und wie ihm der alte Barista mit ein paar drastischen Worten einen Pfad der Heilung gezeigt hatte.

„Dien' dir den Arsch ab! Wenn du willst, jetzt und hier hinter der Theke." So oder ähnlich schien diese Wandlung begonnen zu haben. Und so blieb er im Baristaland, dieser Mann von Welt, dieser ohnmächtige Herrscher über Ohnmächtige, dieser gejagte Jäger. Zuerst nur für ein Sabbatjahr, dann für immer. Um Leben zu lernen, statt zu überleben, wie er betonte. Seitdem war er hier.

„Na ja, nicht nur", korrigierte ihn Angelina. „Aber jetzt will er endgültig bleiben." Der Professore nickte lachend: „Ich bleibe aber nicht mehr nur, um dienen zu lernen, auch nicht um des Verdienens willen." Er unterbrach seinen Redefluss abrupt und sah Angelina lange und fest in die Augen. Erst nach einer kleinen bewussten Pause fuhr er fort: „Von dir, meine liebe Angelina, habe ich gelernt, dass mir das Baristasein helfen kann, damit ich von einem Herrscher zu einem Diener werde, zum Diener der Liebe. Mit diesem Dienenlernen wuchs die Zufriedenheit und damit auch die Liebe. Sie ist die Wegbereiterin eines großen Wunders, das wir nur in der Pause erleben können. Dieses große Wunder der kleinen Pause bleibt ein Geheimnis für den, der nicht von wahrer Liebe erfüllt ist. Es ist noch nicht der rechte Zeitpunkt, dieses große Wunder zu benennen."

Ich wunderte mich immer mehr über den Professore und seine Wandlung. Hatte dieses große Wunder der Wandlung mit der großen Kunst zu tun, sich in den Dienst einer Aufgabe stellen zu können, die über den eigenen materiellen Nutzen weit hinausreichte in eine Welt, in der die Liebe wohnt? Wie oft redete ich von Hingabe, von Sinn, von Selbstverwirklichung, auch vom Geheimnis der kleinen Pausen. Jetzt aber weitete sich mein Blick, ich schaute durch diese vielen Schlagworte wie durch einen Schleier in die zeit- und raumlose Weite des ewigen Werdens und Vergehens, sah meine eigene Mutter, sah die Mutter unserer gemeinsamen Kinder, sah in Gedanken in die Augen aller Mütter, vor und nach meiner eigenen Lebenszeit, sah in das große Leben hinein, das sich diesem Dienen einfach so hingab. Und gleichzeitig sah ich in mir Bilder aufsteigen, von Fülle, Gelassenheit und von Glück.

Es war mir, als würden mit diesen Bildern auch vergessene Fragen auftauchen, scheinbar unwichtige Fragen, die eine neue Wichtigkeit bekamen. „Angelina, wie ging es dir in dieser langen Zeit?", wollte ich plötzlich wissen.

Meine Frage war das Signal für den Professore, aufzustehen und uns alleine zu lassen.

„Ich bringe euch einen Espresso", sagte er beim Hinausgehen.

Angelina schwieg so lange, wie die Erinnerungsbilder brauchten, um aufzutauchen. Zuerst zeigten sich die traurigen Bilder in ihrem Gesicht, in den Augen, dem Zucken der Lippen, auf den Wangen. Dann wandelten sie sich in Bilder der Dankbarkeit, der Hoffnung und der Wiedersehensfreude und zeigten sich in einem lächelnden Mund und leicht glänzenden Augen. Und alles fand seinen Platz in einer kleinen Pause, die sich Angelina bewusst zu gönnen schien.

„Das größte Geschenk der kleinen Pause ist ein von Wertschätzung erfülltes DANKE", sagte sie und schwieg wieder. Ich wanderte durch die Gänge meiner Erinnerung und suchte nach diesem Danke. Ich fand es nicht. Hatte es sich so gut versteckt?

Angelina begann nachdenklich und ganz leise weiterzusprechen: „Ich habe in den ersten Jahren viel über uns nachgedacht und gehofft und gewartet. Bis mein Vater sagte: Die Liebe lebt nicht von der Asche. Die Liebe lebt von der Glut. Eine kleine bewusste Pause hilft dir schon, Asche von der Glut zu unterscheiden."
Das kam in einer Tiefe bei mir an, die Dunkelheit gewohnt war. In diesem Schattenreich wohnen Scham, Schmerz und Trauer, aber auch Mitgefühl und Demut. Das wusste ich aus vielen eigenen Verletzungen. In dieser Tiefe sind wir alle im Menschsein verbunden. Ich ahnte plötzlich die Dimension von Angelinas Verletzung und dankte dem Schicksal für die Gnade, etwas in Ordnung bringen zu dürfen, was durch mich in Unordnung geraten war. Ich ahnte auch: Der Pfad der Heilung brauchte meinen Dank.

Nicht nur auf mich hatte Angelina also gewartet, sondern auch auf ein anderes Zeichen der Wertschätzung. Nicht nur auf ein Danke dafür, dass sie mir half, meinen Traum vom Scrittore zu erfüllen, nein, auch dafür, dass sie mich meinen Weg finden ließ.

„Angelina?"
Sie schaute mich fragend an. Ich nahm zögernd ihre Hand. Sie ließ es geschehen. Ich nahm ihre beiden Hände, schaute ihr dabei in die Augen. Ganz vorsichtig. Dann sprach ich:

„Ich danke dir für alles, was du mir Gutes getan hast. Ja, ich danke dir von ganzem Herzen."

Mit diesen Worten begannen die Grenzen zu zerfließen, und Angelina weinte aus einer Tiefe, die mich ihre Verletzung ahnen ließ. Ich fühlte mich hilflos, zog sie an mich, küsste sie noch ein letztes Mal, aber anders, als ich es mir erträumt hatte – in eben dieser Tiefe, die alle Wesen im Menschsein verbindet. Am Grund des Ozeans lebt eine Stille, die uns die Stille allen Urgrunds ahnen lässt. Diese Stille war jetzt da.

„Ich danke auch dir für alles", antwortete sie. Daraufhin fielen wir uns noch einmal in die Arme, verschmolzen im Seelengrund und wurden endlich eins, um uns endgültig trennen zu können. Das Danke weitete sich wie ein Sonnenaufgang, schob sich über die Berge der Enttäuschungen, die Wolken der Trauer und den Nebel der Einsamkeit. Es erfasste meine Familie, mein Zuhause, das Gesicht meiner Frau, die Gesichter meiner Kinder, meine Freunde, meine Feinde, meine Heimat, meine Arbeit, ja, mein ganzes Leben und auch den Professore. Als wir uns endlich wieder loslassen konnten, beugte sich Angelina über mich und sagte: „Ich gebe dich frei!" Wenn Liebe so groß ist, dass sie über zwei Menschen hinauswächst, dann ist der rechte Zeitpunkt für eine heilige Pause.

In diesem Moment kam der Professore mit den Espressi zurück. Er reichte mir eine Tasse mit einem friedlichen Lächeln.

„Danke auch Ihnen von ganzem Herzen!", sagte ich und schaute ihm erstmals wirklich offen und vorurteilsfrei in die Augen. Jetzt war es da, das Wunder der Versöhnung, und wandelte sich in ein noch geheimnisvolleres, das Wunder der Vergebung.

„So ein großes Danke für einen kleinen Espresso?", fragte der Professore.

„Nein, für alles!", antwortete meine Seele ohne Worte.

Die Antwort des Professore ließ nicht lange auf sich warten: „Ein Dank, der aus der Tiefe der großen Seele kommt, schließt alle ein, die auf ein unausgesprochenes Danke warten." Wie recht der Professore damit hatte. Oder sollte ich ihn den neuen Barista nennen?

„Sie sind doch ein Coach, oder habe ich da falsch recherchiert?", überraschte mich plötzlich der Professore mit einer Frage.

„Ja und nein", antwortete ich. „Nein, weil ich mehr bin, als mein Beruf. Ja, weil ich als Coach das Geld verdiene, das ich zum Leben brauche. Ja aber auch, weil mir dieser Beruf zeigt, dass uns nichts von dem, was wir in unserem Leben lernten, wirklich verloren geht."

Der Professore wirkte auf einmal ganz wach. „Wie meinen Sie das?"
Seine Frage zeigte mir, dass er mehr wissen wollte.

„Wenn Sie mal ein Kampfsportler waren, werden Sie sich bei einem Überfall daran erinnern. Wenn Sie ein Topmanager waren, werden Sie auch eine kleine Espressobar wie ein Topmanager führen. Wenn Sie das Geheimnis der Liebe erkannt haben, werden Sie diese Erfahrung in Ihr gesamtes Leben einbringen. Auch in eine kleine Espressotasse. So entsteht ein sinnvolles Leben."

Der Professore nickte. „Wenn uns nichts wirklich Wesentliches verloren geht, dann geht es im Leben doch darum, mit seinen Möglichkeiten und Erfahrungen immer wieder neu spielen zu lernen, oder?"

Ich bejahte seine Frage. „So sehe ich es auch. Wer sich das traut, der ist frei. Und wer frei ist, der kann lieben."

Der Professore schwieg. Tief bewegt antwortete er nach einer längeren Pause: „Danke! Sie sind ein guter Coach." Er umarmte mich so herzlich, wie es ihm in diesem Augenblick möglich war. Dann nahm er sich Zeit, viel Zeit, und braute uns seinen besten Espresso.

„Alles Neue beginnt mit einer kleinen Pause", lachte er mich an.
„Einer Espressopause", ergänzte ich und lachte zurück.

Das größte Geschenk der Pause
ist ein von Wertschätzung erfülltes
DANKE.

Schreiben auch Sie Ihr persönliches Pausentagebuch

Vielleicht wollen auch Sie sich bei Ihrem Leben bedanken. Dann schenken Sie sich doch ein ganz persönliches Pausentagebuch. Ein von Ihnen selbst geschriebenes Pausentagebuch wird Ihnen helfen, Ihre nicht gelebten Sehnsüchte kennenzulernen und als Kraftquelle für Sinn und Lebensfreude zu entdecken. Das gelingt umso besser, je mehr Sie wieder selbstbewusst zum Regisseur eines Spiels werden, das Ihren Namen trägt.

Noch ein kleiner Tipp: Machen Sie das Schreiben zum Ritual, nehmen Sie das Tagebuchschreiben so wichtig wie sich selbst. Sie werden staunen, wie diese kleine Pause Ihr Leben verändern kann. Schreiben Sie mir Ihre Erfahrungen und Anregungen. Ich freue mich darauf.

www.dieespressostrategie.de

Epilog

Für Dich

Du bist ein Geheimnis
Und wirst es immer bleiben
Mit Dir kann ich so wunderbar
Die Ewigkeit vertreiben

Du bist ein Geheimnis
Bist wie ein Kindertraum
Du lässt auch meine Seele
Dein größtes Wunder schau'n

Du bist ein Geheimnis
Und zeigst mir, wer ich bin
Mit Dir bekommt mein Leben
Einen neuen Sinn

Du bist ein Geheimnis
So bunt wie dieses Leben
Mit Dir wird jeder Augenblick
Zu einem großen Segen

Du bleibst mir ein Geheimnis
Darum lieb' ich Dich so sehr
Ohne Dich Du kleine Pause
Wird jedes Leben schwer

Danksagung

Kleine Pausen fördern die Dankbarkeit.

Ich bedanke mich bei Stephanie Ehrenschwendner für ihre engagierte Unterstützung, bei Hans Christian Meiser für seine wichtigen Impulse, bei Otto Lapp für seine fachliche Begleitung und bei meiner Familie, allen voran meiner lieben Frau, dass sie durch ihr Wohlwollen mein Schreiben möglich macht.

Allen Ungenannten noch ein extra Danke für euer unsichtbares Wirken.